W0195152

rowohlts monographien
begründet von Kurt Kusenberg
herausgegeben
von Wolfgang Müller

Igor Strawinsky

**mit Selbstzeugnissen
und Bilddokumenten
dargestellt von
Wolfgang Dömling**

Rowohlt

Dieser Band wurde eigens für «rowohlts monographien» geschrieben
Den Anhang besorgte der Autor
Herausgeber: Kurt und Beate Kusenberg
Assistenz: Erika Ahlers
Umschlaggestaltung: Werner Rebhuhn
Vorderseite: Igor Strawinsky. Fotografie aus dem Jahre 1954 von Michael Barrie
Rückseite: Umschlagzeichnung von Picasso zur ersten Ausgabe des «Ragtime»

Veröffentlicht im Rowohlt Taschenbuch Verlag GmbH,
Reinbek bei Hamburg, Januar 1982
Copyright © 1982 by Rowohlt Taschenbuch Verlag GmbH,
Reinbek bei Hamburg
Alle Rechte an dieser Ausgabe vorbehalten
Satz Times (Linotron 404)
Gesamtherstellung Clausen & Bosse, Leck
Printed in Germany
1290-ISBN 3 499 50302 6

6. Auflage. 23.–24. Tausend November 1994

Inhalt

In Paris, 1912

Vorwort

Igor Strawinsky ist eine der wenigen zentralen Gestalten in der Musik des 20. Jahrhunderts. Keinem anderen Komponisten unserer Zeit war ein so langes Leben beschieden und eine solch stupende, kontinuierliche und bis ins Greisenalter ungebrochene Schöpferkraft. Schon früh hat Strawinsky die Musik seiner Zeit zu revolutionieren vermocht, als Dreißigjähriger mit dem *Sacré du printemps,* der bis heute – ein Menschenalter nach seiner ersten Aufführung – ein Werk von herausfordernder Komplexität und Dynamik geblieben ist; Strawinsky erregte immer wieder schroffes Pro und Contra, wandte sich Neuem zu, wenn man seinen «Stil» verstanden zu haben meine; noch die «Bekehrung» des Siebzigjährigen zur Zwölftontechnik, von der man glaubte, sie sei seinem Musikbegriff konträr, war ein Ereignis, das die musikalische Welt bewegte.

Igor Strawinsky: ein Künstler, der sich immer wieder wandelte und doch stets sein eigenes unverwechselbares Idiom sprach; der es vielen recht machen konnte und sich doch nicht angepaßt hat; der Skandale weder scheute noch sie um jeden Preis provozierte und den Erfolg, obwohl er ihm keineswegs gleichgültig war, nicht suchte, aber fand; der einzige unter den Komponisten unserer Zeit, der Bürgerschreck und Weltbürger, Grandseigneur und Intellektueller zugleich war; ein glücklicher Mensch schließlich, der von sich sagen durfte, er habe immer nur das getan, was er tun wollte, der sich selbst verwirklichen konnte und dabei von der großen Welt gut aufgenommen wurde.

Strawinsky ist eine Gestalt in der Musik unseres Jahrhunderts, wie sie Picasso in der bildenden Kunst ist: ein Künstler, dessen Werk stets auch über den engeren Bereich des Metiers hinausgriff und eine ständige Herausforderung an die intellektuelle Welt darstellte.

Rußland

Kindheit und Jugend in St. Petersburg

Einer der ersten klanglichen Eindrücke, derer ich mich entsinne, wird manchem vielleicht bizarr erscheinen. Es war auf dem Lande, wo meine Eltern, wie die meisten ihres Standes, mit uns Kindern den Sommer verbrachten. Ein riesenhafter Bauer saß auf dem einen Ende eines Baumstammes; es roch penetrant nach Harz und frisch gefälltem Holz. Die Kleidung des Mannes bestand aus einem kurzen roten Hemd, seine rot behaarten Beine waren nackt, und an den Füßen trug er Sandalen aus Bast (...) Er war stumm, aber er pflegte sehr laut mit der Zunge zu schnalzen, und alle Kinder, auch ich, fürchteten sich vor ihm. Schließlich besiegte Neugier die Angst, wir gingen näher an ihn heran, und er, um uns eine Freude zu machen, begann zu singen. Sein Lied bestand aus zwei Silben, es waren die einzigen, die er aussprechen konnte. Sie hatten keinen Sinn, aber er stieß sie, mit großer Geschwindigkeit abwechselnd, unglaublich geschickt hervor. Dieses Geleier begleitete er auf folgende Weise: er drückte die rechte Handfläche gegen die linke Achselhöhle und bewegte den linken Arm sehr schnell auf und nieder. Dadurch brachte er unter seinem Hemd in rhythmischer Folge eine Reihe recht verdächtiger Töne hervor, die man euphemistisch als «Schmatzen» bezeichnen könnte. Mir bereitete das ein tolles Vergnügen, und zu Hause angekommen, versuchte ich mit großem Eifer, diese Musik nachzuahmen.[1]*

Strawinskys Autobiographie *Chroniques de ma vie*, geschrieben nach seinem fünfzigsten Lebensjahr, beginnt sozusagen mit einem Paukenschlag.

Jede Autobiographie ist Literatur. Strawinsky schrieb die seine in der Sprache eines Landes, dessen Kultur er sich seit langem verbunden fühlte und dessen Bürger er kurz zuvor (1934) geworden war. Er wurde als Kandidat für die Académie des Beaux-Arts genannt, er hatte nahen Umgang mit führenden Literaten Frankreichs. Mußte das Bekenntnis zum Prinzip von Maß, Regel, Ordnung, das Bekenntnis zum Apollinischen, das wie ein Grundtenor das Buch durchzieht und das mit der französi-

* Die hochgestellten Ziffern verweisen auf die Anmerkungen S. 137 ff.

schen Tradition von *raison* und *clarté* evident zusammenhängt, nicht um so überzeugender wirken, wenn zu Beginn die Vision eines barbarischen musikalischen Naturburschentums exponiert wurde?

Aufschlußreich ist dieser erste musikalische Eindruck noch in zweierlei Hinsicht. Der körperlichen Direktheit der dort beschriebenen «Musik»-Produktion analog hat Strawinsky selbst das Musikmachen stets erlebt, er hat immer wieder hervorgehoben, wie notwendig ihm der *direkte Kontakt mit dem klingenden Instrument* [2] für das Komponieren war: das Spielen des Klaviers, des Zymbals, das er in *Renard* verwendete, oder der Schlagwerkzeuge, mit denen er, der waadtländische Dichter C. F. Ramuz hat es beschrieben, wie besessen experimentierte, als er *Les noces* komponierte. Als Strawinsky 1931 am *Violinkonzert* arbeitete, hatte er Bedenken: *Man kann zwar die technischen Möglichkeiten eines Instrumentes beherrschen, ohne es selbst zu spielen, aber diese Technik in den Fingern zu haben, bedeutet etwas ganz anderes.* [3]

Ferner eine psychologische Bemerkung. Daß Strawinsky in einem bürgerlich wohlhabenden, musikalisch kultivierten Haus groß geworden ist, wird dem Leser der *Chroniques* fast verschwiegen; daß sein Vater einer der ersten Opernsänger St. Petersburgs war, ist dem Autor nur eine Parenthese wert. Die Körper-Musik eines Bauern ist ein provokantes Gegenbild zu bürgerlicher Musikkultur, es symbolisiert die Abkehr von der Familie, der Strawinsky nicht in Liebe zugetan war und von der er sich schon früh innerlich wie äußerlich freizumachen begann, ohne alle neurotische Hemmung oder Gewaltsamkeit. *Die richtige Antwort auf Ihre Fragen über meine Jugend*, sagte Strawinsky Jahrzehnte später zu Robert Craft, *sollte heißen: es war eine Zeit des Wartens auf den Augenblick, als ich alle und alles, was damit zu tun hatte, zum Teufel jagen konnte.* [4] *Mein Leben zu Hause war unerträglich.* [5]

Strawinskys Vater, Fjodor Ignatjewitsch Strawinsky (1843–1902; seine Vorfahren stammten aus Polen), war nach einem Studium in St. Petersburg erster Bassist an der Oper in Kiew, heiratete dort Anna Cholodowsky (1854–1939), *blieb einige Jahre, bis er reif war für die Oper in St. Petersburg.* [6] *Er hatte eine schöne Stimme und verfügte über eine staunenswerte Technik, die er dem Studium der italienischen Gesangsschule auf dem Petersburger Konservatorium verdankte. Außerdem hatte er großes dramatisches Talent, was damals bei Opernsängern sehr selten war.* [7] Strawinskys Nachfolger als erster Bassist am St. Petersburger Marientheater (Marijinksy, heute Kirow-Theater) wurde dann Fjodor Schaljapin.

Über die Beziehung zu seinem Vater sagte Strawinsky später lapidar: *Durch seinen Tod kamen wir uns näher.* [8] Und über die mangelnde Vermittlung der Welt seines Vaters: *Zwar machte man bei uns im Hause Musik (...), aber diese Musik hörte ich nur aus der Ferne, aus der Welt meines Kinderzimmers, auf die meine Brüder und ich beschränkt waren.* [9] Distanz auch zur Mutter: ihr *gegenüber gab es für mich lediglich «Pflichten», und*

Strawinskys Eltern. St. Petersburg, 1890

meine Gefühle konzentrierten sich auf Bertha, unsere Kinderwärterin. Bertha stammte aus Ostpreußen und konnte fast kein Russisch, und so war Deutsch die Sprache meiner Kinderstube (...) Sie lebte lange genug, um auch meine eigenen Kinder zu pflegen, und sie war seit vierzig Jahren in unserer Familie, als sie schließlich 1917 in Morges starb. Ich habe um sie mehr getrauert als später um meine Mutter. Wenn ich mich meiner älteren Brüder überhaupt erinnere, so geschieht es nur im Zusammenhang damit, daß sie mich außerordentlich zu plagen pflegten. Roman war Student der Rechte[10], er starb 1895 mit einundzwanzig. Jury war Architekturingenieur, und als solcher hat er in Leningrad gearbeitet bis zu seinem 1941 erfolgten Tod. Er stand mir nie nahe, weder als Kind noch später; er hat mir auch nie geschrieben, nachdem ich Rußland verlassen hatte; seit 1908 habe ich ihn nicht mehr gesehen. [11] In engerer Beziehung stand Strawinsky nur zu seinem jüngeren Bruder Gury (1884–1917): *Er hatte eine Baritonstimme, in der Qualität wie die meines Vaters, aber nicht so tief. Für ihn habe ich meine «Verlaine-Lieder» komponiert, und es hat mich immer geschmerzt, daß er nicht mehr dazu kam, sie öffentlich zu singen. Er wurde im Krieg von 1914 schon früh eingezogen und mit einer Einheit des Roten Kreuzes an die Südfront geschickt. Er starb im April 1917 in Rumänien an Scharlachfieber (...) Als Kinder waren wir unzertrennlich gewesen, und solange wir beisammen waren, hatten wir das Gefühl, daß es um alles gut stand in der Welt. Jeder fand im anderen die Liebe und das Verstehen, die uns die Eltern vorenthielten.* [12]

Igor Fjodorowitsch Strawinsky wurde am 5. Juni 1882 (= 17. bzw. 18. Juni nach dem Gregorianischen Kalender) [13] in Oranienbaum (heute Lomonosow) geboren, einer kleinen Stadt nahe St. Petersburg am Finnischen Meerbusen, in der seine Eltern sich in jenem Jahr zur Sommerfrische aufhielten. St. Petersburg, seine Heimatstadt, hat Strawinsky sehr geliebt. *Ich habe mir oft gedacht, daß die Tatsache, daß ich in einer neoitalienischen Stadt – nicht in einer rein slawischen oder orientalischen – geboren und aufgewachsen bin, zu einem wesentlichen Teil für die kulturelle Richtung meines späteren Lebens verantwortlich sein muß.* [14]

St. Petersburg, Krjukov-Kanal 66. Hier befand sich die elterliche Wohnung

In St. Petersburg, 1886

Seine «Familie» stellte sich Strawinsky sozusagen selbst zusammen. Er schloß sich dem Onkel (mütterlicherseits) Alexander Jelatschitsch an, *dem einzigen in der Familie, der* ihm in der Musik ernsthaft *etwas zutraute* und der ihn als erster mit der Musik von Brahms und Beethoven vertraut machte. *Er besaß große Bauerngüter und Wälder im Gouvernement Samara, östlich der Wolga, und er lud uns ein, den Sommer dort bei ihm zu verbringen (...) Die viertägigen Reisen auf der Wolga nach Pawlowka, wie das Gut der Jelatschitsch hieß, gehören zu den glücklichsten Tagen meines Lebens.*[15] Später, in dem Jahr 1902, als Strawinskys Vater starb, übernahm Nikolaj Rimsky-Korsakow bis zu seinem Tod (1908) die Rolle einer Vaterfigur für Strawinsky. *Es kann nur wenige Menschen gegeben haben, die Rimsky so nahe standen wie ich, besonders nach dem Tod meines Vaters, als er für mich wie ein Pflegevater war.*[16] 1906, nach dem Besuch der Schulen – *natürlich war ich ein sehr schlechter Schüler, und ich haßte diese Schule wie alle meine Schulen, und zwar gründlich und für immer*[17] – und der nonchalant betriebenen Absolvierung eines Jurastudiums, zu dem ihn die Eltern gezwungen hatten, *die in meiner Vorliebe für die Musik nichts als eine Liebhaberei sahen*[18], heiratete Strawinsky eine enge Verwandte mütterlicherseits, seine Cousine Catherine Nossenko; sie war ein Jahr älter als er und starb im selben Jahr wie Strawinskys Mutter. Von 1903 bis 1906 hatte die musikalisch Begabte in Paris Gesang studiert. *Ich war ein zutiefst einsames Kind (...) Catherine, die meine Cousine ersten Grades war, kam, als ich zehn war, wie eine lang erwartete Schwester in mein Leben. Von da an bis zu ihrem Tode waren wir uns überaus nah, näher als sich manche Liebenden sind, denn bloß Liebende können füreinander Fremde sein, auch wenn sie ihr ganzes Leben in Liebe zusammen verbringen.*[19] (Die Eheschließung zwischen den zwei engen Verwandten, vom Gesetz verboten, war nur mit Hilfe eines *bestechlichen Priesters*[20] möglich.) Vier Kinder wurden in dieser Ehe geboren: Théodore (*1907), der als Maler bekannt wurde, Svjatoslav Soulima (*1910), der sich als Musiker einen Namen machte, die Töchter Ludmilla (1908–1938) und Maria Milena (*1914). Ustilug am Bug (in Wolhynien, etwa zwischen Lemberg und Brest), *von St. Petersburg zweieinhalb Tage Eisenbahnfahrt entfernt*[21], wo die Nossenkos ein Landgut besaßen, wählten auch die Strawinskys, die sich dort ein eigenes Haus bauten, als Sommersitz; dort entstanden die meisten Kompositionen Strawinskys zwischen 1907 und 1914. Kurz vor Kriegsausbruch war Strawinsky zum letzten Mal dort und konnte noch Materialien retten, die er damals für *Les noces* benötigte; alles Übrige, darunter Skizzen, Kompositionen, zahlreiche Dokumente, ist während der Revolution verlorengegangen.

Seine ersten musikalischen Eindrücke empfing Strawinsky naturgemäß in der Oper. Schon bald nach dem Beginn des Klavierunterrichts fing der Zehnjährige an, *mit großem Vergnügen die Opernpartituren zu entziffern, aus denen die Bibliothek meines Vaters bestand. Das machte mir umso grö-*

ßeren Spaß, als es mir leicht fiel, und diese Leichtigkeit habe ich von meiner Mutter geerbt. Man denke sich nun meine Freude, als ich ins Theater mitgenommen wurde, in dem ich noch nie gewesen war, wo es eine Oper gab, die ich schon vom Klavier her kannte. Es war «Ein Leben für den Zaren». Ich hörte zum ersten Male Orchestermusik, und was für eine Musik: das Orchester Glinkas. [22] Kurz darauf sah er eine zweite Oper Glinkas, «Ruslan und Ludmilla». *Es war eine Galavorstellung zum fünfzigsten Jubiläum dieser Oper, und mein Vater sang den Farlaf, eine der schönsten Rollen seines Repertoires. Für mich war dies ein denkwürdiger Abend, nicht nur wegen der Erregung, in die mich die Musik versetzte, die mich einfach toll machte, sondern weil ich das Glück hatte, im Foyer aus der Ferne Peter Tschaikowsky zu sehen, den vergötterten Liebling des russischen Publikums, den ich nie zuvor gesehen hatte und den ich niemals wieder sehen sollte.* (Tschaikowsky starb kurz darauf an der Cholera.) *Von diesem Tage an wußte ich, daß ich Künstler und Musiker sei.* [23] Später erhielt Strawinsky über seinen Vater einen Berechtigungsausweis zum Besuch der Proben im Marijinsky-Theater. *Als ich sechzehn war, pflegte ich nicht weniger als fünf oder sechs Abende der Woche in der Oper zu verbringen.* [24] Besonders lebhafte Eindrücke empfing Strawinsky von *Werken der Russischen Schule: den Opern Glinkas vor allem, aber auch denen von Dargomyschky, Rimsky, Tschaikowsky, Borodin und Mussorgsky.* [25]

So oft das Schulleben es mir erlaubte, besuchte ich die Symphoniekonzerte und alle Veranstaltungen, bei denen berühmte russische und ausländische Pianisten auftraten. Damals erlebte ich das Spiel von Josef Hofmann, und der Ernst, die Präzision, die Vollendung dieses Spiels begeisterten mich so sehr, daß ich mich mit verdoppeltem Eifer meinen Klavierübungen widmete. [26] Strawinsky hörte die Liszt-Schüler Eugen d'Albert und Sophie Menter, die Geiger Leopold Auer und Eugène Ysaye; tief beeindruckt war er von Gustav Mahler, als dieser 1907 seine 5. Symphonie dirigierte. *Das übliche Repertoire von Symphoniekonzerten aber in St. Petersburg in jenen Jahren würde eine deprimierende Liste ergeben.* [27] Die «Russischen Symphoniekonzerte», die der Musikverleger M. P. Belajew veranstaltete, *waren interessanter, aber sie konzentrierten sich zu sehr auf das Häuflein der «Fünf»* [28]. Gegen diese «Gruppe der Fünf» – Balakirew, Borodin, Cui, Mussorgsky, Rimsky-Korsakow – entwickelte Strawinsky zunehmend Vorbehalte (obwohl er einzelne Werke schätzte, Mussorgskys «Boris Godunow» etwa), die auf einer Abneigung gegen den *schalen Naturalismus und Dilettantismus* [29] gründen, die er hier am Werk sah, und gegen einen *doktrinären Ästhetizismus* [30], der ihn genau so schlimm dünkte wie der Geist der *alten Akademiker* [31]. Für die *natürliche Frische von Tschaikowskys Talent (und seine instrumentale Erfindungskraft)* hingegen, obwohl ihn *die allzu häufigen Banalitäten seiner Musik* [32] ärgerten, hegte Strawinsky eine Vorliebe. (Diese Verteilung der Wertschätzung ist entgegengesetzt derjenigen in fortschrittlichen Kreisen des Westens zu

In Homburg v. d. H., 1897

Catherine und Igor Strawinsky, 1907

jener Zeit, die gerade die Musik der «Fünf» als neue Impulse begrüßten.)
Alexander Skrjabin *kam um 1905 in St. Petersburg in Mode*; Strawinsky
mochte ihn nicht, seine Musik nicht viel mehr, doch gibt er einen Einfluß
auf seine *Études* zu, *und zwar bei der Behandlung des Klaviers*[33]. Im Winter
1906/07 begegnete er Sergej Prokofjew. Er *war das Gegenteil eines
musikalischen Denkers, in Wahrheit erstaunlich naiv in Sachen des musikalischen Satzbaues (...) Seine musikalischen Urteile beschränkten sich
meist auf Gemeinplätze und waren nicht selten falsch.*[34]

Einem älteren Freund, Iwan Pokrowsky, verdankte Strawinsky in seiner letzten Gymnasialzeit die Bekanntschaft mit *Komponisten, von denen
ich bis dahin nichts geahnt hatte, besonders Franzosen, wie Gounod, Bizet,
Delibes, Chabrier*[35]. Werke von César Franck, Vincent d'Indy, Gabriel
Fauré und Claude Debussy, die in den Konzertprogrammen so gut wie nie
erschienen, studierte Strawinsky später für sich. *Schon damals kristalli-
sierten sich in mir die Anfänge eines verwandtschaftlichen Gefühls für den
akademischen Geist César Francks, die schulmäßige und zugleich an Wagner anknüpfende Haltung Vincent d'Indys und für die eindrucksvolle Freiheit und Frische des Handwerks bei Debussy, die zu jener Zeit etwas vollkommen Neues bedeutete.*[36]

Nach dem Tod des Vaters *knüpfte ich viele neue Beziehungen zu jungen
Leuten an (...) Sie gehörten den verschiedensten geistigen Berufen an: da*

16

waren Maler, junge Wissenschaftler und geistvolle Liebhaber der Künste, die sehr fortschrittlich gesonnen waren, unter ihnen mein Freund Stefan Mitussow, der später mit mir zusammen den Text zu meiner Oper «Le rossignol» verfaßte[37] und der für Strawinsky *zu einer Art Tutor in Literatur und Theater*[38] wurde. *Aber ich hatte nie engere Beziehungen zu einem der literarischen Kreise Rußlands.* [39]

Als ich neun Jahre alt war, nahmen meine Eltern eine Klavierlehrerin für mich. Ich lernte sehr schnell Noten lesen und betrieb das so ernsthaft, daß ich bald Lust bekam zu improvisieren (...) Diese dauernde Arbeit des Improvisierens war nicht ganz unfruchtbar, denn sie verhalf mir zu einer besseren Beherrschung des Klavierspiels, und sie ließ meine musikalischen Ideen reifen. [40] *Bei Mademoiselle Kaschperowa,* seiner zweiten Lehrerin, einer Schülerin Anton Rubinsteins – *sie war eine ausgezeichnete Pianistin und ein Dummkopf, eine nicht ungewöhnliche Kombination –, lernte ich das g-moll-Konzert von Mendelssohn spielen, ferner viele Sonaten von Clementi und Mozart, wie auch Sonaten und andere Stücke von Haydn, Beethoven, Schubert und Schumann. Chopin war verboten, und meine Lehrerin suchte auch mein Interesse für Wagner zu zerstreuen. Gleichwohl kannte ich bald alle Werke Wagners aus Klavierauszügen.* [41]

Gegen Ende der Schulzeit *erlaubten mir meine Eltern auf inständiges Bitten, Harmonielehreunterricht zu nehmen,* zunächst bei Fjodor Akimenko, der als Komponist Schüler von Balakirew und Rimsky war, dann bei einem Griechen namens Wassily Kalafati. *Kalafati lehrte mich, als erste und letzte Prüfungsinstanz mich auf mein Gehör zu berufen, und dafür bin ich ihm dankbar. Ich arbeitete mit ihm über zwei Jahre.* [42] Doch Harmonielehre befriedigte Strawinsky wenig; *im Gegensatz dazu interessierte mich damals die Lehre vom Kontrapunkt sehr, und doch hält man diese Materie allgemein für trocken und glaubt, nur aus pädagogischen Gründen sei es nützlich, sich mit ihr zu beschäftigen. Seit meinem neunzehnten Jahr etwa begann ich ihn zu studieren, ganz für mich allein mit Hilfe eines gängigen Lehrbuches (...) Bei meiner ersten Begegnung mit der Welt des Kontrapunkts tat sich mir sogleich ein weites Feld auf, das für mein musikalisches Schaffen viel fruchtbarer war als alles, was die Harmonielehre mir bieten konnte. Hartnäckig löste ich die zahllosen Probleme, die diese Wissenschaft aufgibt. Das machte mir damals großen Spaß, aber erst viel später begriff ich, wie sehr diese Übungen dazu gedient haben, mein musikalisches Urteil und meinen Geschmack zu entwickeln. Meine Phantasie und der Wunsch zu komponieren wurden geweckt, und diese Arbeit war die Grundlage meiner zukünftigen Technik.* [43] Komponieren hat Strawinsky stets vor allem als Lösen selbstgestellter Probleme aufgefaßt.

In Nikolaj Rimsky-Korsakow (1844–1908), dem Komponisten zahlreicher Opern und des damals schon berühmten «Capriccio espagnol», fand Strawinsky einen Lehrer, der gleichermaßen unvoreingenommen, streng

*Nikolaj Rimsky-Korsakow, fotografiert von Strawinsky.
St. Petersburg, 1908*

und wohlwollend war. *Rimsky war hochgewachsen, wie Berg oder Aldous Huxley, und wie Huxley hatte er schwache Augen. Er trug eine dunkelblaue Brille und hatte bisweilen noch eine zweite auf die Stirne geschoben, eine Gewohnheit, die ich von ihm übernommen habe.* [44] Die Kompositionen, die Strawinsky bei der ersten Begegnung vorlegte, im Sommer 1902 in Heidelberg, fanden bei Rimsky wenig Anklang; doch begann bald darauf der Unterricht, als Strawinsky ihn während der Komposition seiner *Klaviersonate* erneut aufsuchte. *Er war ein ganz ungewöhnlicher Pädagoge. Obwohl er selbst Professor am St. Petersburger Konservatorium war, riet er mir davon ab, dort zu studieren. Dafür wurde mir das kostbare Geschenk seines unvergeßlichen Unterrichts zuteil (. . .) Hauptfach war theoretischer und praktischer Instrumentationsunterricht. Ich mußte Klaviersonaten und Quartette von Beethoven sowie Schubertsche Märsche instrumentieren. Mitunter auch Werke Rimskys, die noch nicht veröffentlicht waren. Wenn ich ihm dann die fertigen Arbeiten vorlegte, zeigte er seine eigene Partitur und erklärte mir beim Vergleichen seine Gründe für etwaige Ab-*

weichungen. Neben diesem Unterricht setzte ich eifrig meine kontrapunkti-schen Studien fort, zu denen Rimsky dringend geraten hatte. [45] Die mensch-liche Beziehung zwischen Lehrer und Schüler war sehr eng; Rimskys Tod, er erlag 1908 einem Asthmaleiden, hat Strawinsky sehr getroffen. Sei-nem Gedächtnis widmete er einen *Chant funèbre* (verloren), *es war ein Trauerzug aller Soloinstrumente des Orchesters, von denen eines nach dem anderen seine Melodie wie einen Kranz auf das Grab des Meisters legte.* [46] *Ich entsinne mich dieses Stückes als meines besten Werkes vor dem «Feuervogel», nie zuvor war ich in der chromatischen Harmonik so weit gegangen.* [47]

Von Strawinskys frühesten Kompositionen – er glaubte bis zuletzt, sie seien verlorengegangen – sind zwei Klavierwerke, deren Manuskripte sich in der Leningrader Bibliothek fanden, 1974 veröffentlicht worden: ein *Scherzo* (1902), ein harmloses Stück, und die schon erwähnte *Sonate fis-moll* (1902–04), von der Strawinsky später annahm, sie sei *eine unbe-holfene Nachahmung eines späten Beethoven* gewesen[48]; in Wahrheit zeigt die Komposition unzweideutig Nähe zu Brahms und noch mehr zu Tschaikowsky. Im Zeichen Glasunows und Tschaikowskys steht die gro-ße viersätzige *Symphonie Es-dur*, eine handwerklich hervorragende Komposition (1905–07). Von der lyrisch-dramatischen Diktion Tschai-kowskys bestimmt ist die 1906 geschriebene *Suite* für Sopran und Orche-ster *Faun und Schäferin* (auf Texte Puschkins), doch hört man auch fran-zösische Einflüsse heraus, Anklänge an Debussy oder Fauré, und dies gerade scheint Rimsky wenig behagt zu haben. Dennoch *ermutigte* er Strawinsky *sehr*[49] zu weiteren Arbeiten: zu der Oper *Le rossignol*, von der der 1. Akt 1908–09 entstand, und dem *Scherzo fantastique* (1907–08), einem Stück von äußerster klanglicher Raffinesse, das die schwirrend brillante Instrumentierung des *Feuervogel* vorwegnimmt.

Das *Scherzo fantastique* und die darauf entstandene nur vier Minuten dauernde virtuose Orchesterfantasie *Feu d'artifice* wurden im Februar 1909 *in den Siloti-Konzerten zum erstenmal gespielt. Der Tag dieser Auf-führung ist ein wichtiges Datum für die ganze Zukunft meiner musikali-schen Laufbahn. An ihm begannen meine engen Beziehungen zu Diaghi-lew.* [50]

Diaghilew und die «Ballets russes»

Vergleichbar den Bewegungen von Secession, Jugendstil, Art Nouveau im Westen, begann sich im letzten Jahrzehnt des 19. Jahrhunderts auch in Rußland eine künstlerische Avantgarde zu formieren; die Gruppe «Welt der Kunst» («Mir Iskusstva») in St. Petersburg war eine der interessante-sten. Kennzeichnend auch hier, wie im Westen, die Haltung protestieren-

Serge Diaghilew und Strawinsky. Sevilla, 1921

der Abkehr von konservativem Akademismus und der Anspruch auf umfassende Erneuerung und Vereinigung alles Künstlerischen. Die «Welt der Kunst», die auch Ausstellungen organisierte und eine (gleichnamige) Zeitschrift herausgab, sollte «eine Art Gemeinschaft» sein, «die ihr eigenes Leben mit seinen besonderen Interessen und Problemen lebte, und die auf vielen Wegen die Gesellschaft zu beeinflussen und in ihr eine positive Einstellung zur Kunst zu erwecken suchte – Kunst hier im weitesten Sinne, unter Einschluß von Literatur und Musik verstanden»[51]. So formulierte Alexandre Benois, einer der geistig führenden Köpfe des Kreises. Benois, Petersburger deutsch-französisch-italienischer Abstammung – eine lebensvolle Verbindung Rußlands mit der europäischen Moderne war denn auch eins der Ziele der Bewegung –, Maler und Bühnenbildner, Regisseur und Kunstkritiker, vereinigte in seiner Person das Programm der «Welt der Kunst».

Der eigentliche Anführer der Bewegung jedoch, ein Motor von unerschöpflicher Energie, war Serge Diaghilew, der 1890, achtzehnjährig, nach St. Petersburg kam (eigentlich, um das übliche pro forma-Jura-studium zu absolvieren); von seinem Vetter Dimitri Filissofow in die Künstlerkreise eingeführt, zog er bereits nach wenigen Jahren fast alle Aktivitäten an sich. Diaghilew schrieb Aufsätze über Kunst, organi-sierte seit 1897 eine Reihe von Ausstellungen, die ihrer interessanten Themenstellungen und des weiten Horizontes wegen stark beachtet wur-den, und gab 1898 bis 1904 – dann war die Gruppe der Meinung, ihre Mission habe sich erfüllt – die «Welt der Kunst» heraus, eine Zeit-schrift, die in erlesen ästhetischer Aufmachung russische wie westliche Maler präsentierte, Texte der russischen Symbolisten Balmont und Blok ebenso brachte wie Gedichte Verlaines und Mallarmés und Abhand-lungen über die Musik Skrjabins, kurz, sich bemühte, ihrem Namen ge-recht zu werden. «‹Die Welt der Kunst», schrieb Léon Bakst pathetisch, «reicht über das Irdische hinaus bis zu den Sternen und herrscht dort, stolz, geheimnisvoll und einsam wie auf einem schneebedeckten Gip-fel.»[52]

1899–1901 war Diaghilew in beratender Funktion am Marijinsky tätig; danach Benois, der dort 1907, zusammen mit Fokine als Choreograph, ein Ballett produzierte, «Le pavillon d'Armide» (Musik von Tscherep-nin), das derartigen Erfolg errang, daß man beschloß, mit Oper und Bal-lett im Westen zu gastieren – und das hieß selbstverständlich: in Paris. Dort hatte Diaghilew schon 1906 im Rahmen des Herbstsalons im Grand Palais eine riesige, bis heute nicht übertroffene Gesamtschau russischer Malerei – von den Ikonen des Mittelalters bis zur unmittelbaren Gegen-wart, zu Natalia Gontscharowa – organisiert, ferner 1907 und 1908 Kon-zertserien mit russischer Musik. 1908 präsentierte er in Paris Mussorgskys «Boris Godunow» (mit Schaljapin in der Titelrolle), der zu einem unge-heuren Erfolg wurde.

Im Jahr darauf leitete Diaghilew erneut ein Pariser Gastspiel; gezeigt wurden u. a. Borodins Oper «Fürst Igor» (mit archaisch-mythischen Büh-nenbildern von Nikolaus Roerich, der später am *Sacre* mitarbeitete); «Les Sylphides» (Musik von Chopin, an der Instrumentierung war auch Strawinsky beteiligt), mit der Pawlowa und Nijinskij, choreographiert von Fokine; «Cléopâtre» mit Ida Rubinstein; aber auch «Schwanensee» in der «klassischen» Choreographie Petipas. (Diaghilew, der Erneuerer des Balletts, war alles eher als ein Verächter klassischer Tanzkunst.) Die-se Ballettproduktionen markieren die Geburtsstunde der «Ballets rus-ses», die Diaghilew – der, selbst kein ausübender Künstler, auch kein Choreograph, wie man oft liest (eine frühere, offenbar unglückliche Nei-gung zum Komponieren hatte Rimsky-Korsakow ihm auszureden ge-wußt), nunmehr seine wahre Berufung gefunden hatte, die des Impresa-rio – seit 1911 selbständig leitete und deren Bedeutung für die Erneue-rung der Tanzkunst, aber auch des Bühnenbildes und der Musik gar nicht überschätzt werden kann. «Bei aller Liebe zum Ballett», schreibt zusammenfassend der Ballettexperte Horst Koegler, «zielte (Diaghilew) stets über dieses selbst hinaus, es war ihm darum zu tun, es aus seinem Sklavendasein im Dienste des Amüsements einer internationalen Lebewelt zu befreien und es künstlerisch so zu emanzipieren, daß man es hinfort nicht nur auf der gleichen Ebene wie Oper und Schauspiel diskutieren konnte, sondern daß es darüber hinaus zum repräsentativen Forum für die Auseinandersetzungen über Stil und Funktion des musikalischen Theaters im Gesamtrahmen zeitgenössischen künstlerischen Schaffens werden konnte.»[53] Schon vor dem Krieg im Westen ansässig, in Monte Carlo, kehrte die Kompagnie nach der Oktoberrevolution nicht mehr nach Rußland zurück; permanent unter schwierigen materiellen Bedingungen, oft genug am Rand des Nichts, existierte sie bis Diaghilews Tod, 1929.

Diaghilew verstand es, die hervorragendsten Tänzer, Choreographen, Komponisten und Maler an sich zu ziehen: die Karsawina, die Tschernicheva, die Sokolova, Nijinskij, Dolin und Lifar; Chefchoreographen des Ensembles, oft zugleich auch Solotänzer, waren Fokine, Nijinskij, Massine, Bronislawa Nijinska (Nijinskijs Schwester), in den letzten Jahren Balanchine. Zu den bekanntesten Malern, die mit Diaghilew zusammenarbeiteten, gehören die Russen Alexandre Benois, Léon Bakst, Michail Larionow und die Gontscharowa; ferner fast die gesamte westliche Avantgarde: Picasso, Matisse, Gris, Braque, Max Ernst, Chirico, Miró, Balla. Nicht minder beeindruckend ist die Liste der Komponisten, die für Diaghilew schrieben: Strauss und Debussy, Ravel und Satie, de Falla, Respighi, Prokofjew, Milhaud, um nur einige zu nennen. Diaghilews geniale Gabe, die bedeutendsten Künstler um sich zu sammeln, hat in der neueren Zeit nichts Vergleichbares, unmittelbar fühlt man sich an die großen kunstbesessenen Herrschergestalten der Renaissance- und Barockhöfe erinnert. (Diaghilews finanzieller Rückhalt, stets jedoch ungesichert, war die europäische Finanzaristokratie.)

Von den rund siebzig Ballettproduktionen in jenen zwei Jahrzehnten seien (außer denjenigen Strawinskys) einige herausragende hier genannt: «Le spectre de la rose», 1911 (Musik Weber/Berlioz, Choreographie Fokine, Ausstattung Bakst); «Daphnis et Chloé», 1912 (Ravel, Fokine, Bakst); «L'après-midi d'un faune», 1912 und «Jeux», 1913 (Debussy, Nijinskij, Bakst); «Josephs Legende», 1914 (Strauss, Fokine, Sert/Bakst); «Parade», 1917 (Cocteau, Satie, Massine, Picasso); «Der Dreispitz», 1919 (de Falla, Massine, Picasso); «Le train bleu», 1924 (Cocteau, Milhaud, Nijinska, Laurens).

Nicolas Nabokov charakterisiert Diaghilew so: «Er war nicht, wie so oft geglaubt wird, eine Art Supermanager. An Diaghilew war nichts ‹Managerhaftes› im modernen Sinne dieses Wortes (...) Er war ein bemerkenswerter Kunstkenner, Kunstliebhaber und Grandseigneur. Er hatte einen durchdringenden Blick, ein feines Ohr und ein intuitives Unterscheidungsvermögen für gute und schlechte Kunst. Der Bogen seiner Interessen war ungeheuer weit gespannt, und in kleinem Kreise war er ein anregender und amüsanter Unterhalter. Er liebte das Neue in der Malerei, der Musik, jeder Sphäre, zu der er Zugang hatte (...) Er war ein vollkommener Hedonist, und dennoch überraschte er bisweilen durch eine Bemerkung, die Beschäftigung mit ausgesprochen spirituellen Dingen verriet. Er war sein ganzes Leben lang arm, lebte jedoch wie ein reicher Mann. Er war ein Abenteurer und ein orientalischer Prinz des 19. Jahrhunderts. Er betrieb seine Unternehmungen wie ein Seiltänzer, immer am Rande der Katastrophe balancierend, immer noch gerade irgendwie zurechtkommend. Künstlern und ihrer Arbeit gegenüber zeigte er große Geduld und eine grenzenlose Achtung, vorausgesetzt natürlich, daß es sich um wirkliche Künstler handelte. Doch war sein Urteil streng und unbestechlich und oft vernichtend. Der mir an Diaghilew am liebenswertesten erscheinende Zug war seine ungeheure Musikliebe, seine Musikbesessenheit. Die einzige Hierarchie, die er im Ballett gelten ließ, war die echte, die einzig wahre: erstens die Musik, zweitens die Choreographie, also in Bewegung übersetzte Musik, drittens Dekor und Kostüme, aber nur dann, wenn sie zur Musik paßten. Das Libretto, also die Handlung, war Nebensache.» [54] Und Strawinsky schreibt in den *Chroniques* über Diaghilew: *Vor allem erstaunte mich die Gelassenheit und Hartnäckigkeit, die er bei der Verfolgung eines Zieles zeigte. Es war immer zugleich erschreckend und beruhigend, mit ihm zu arbeiten, so außerordentlich war seine Kraft. Erschreckend, denn jedesmal, wenn wir eine Meinungsverschiedenheit hatten, war der Kampf hart und ermüdend; beruhigend, weil man immer sicher war, durch ihn jedes Ziel zu erreichen, wenn solche Gegensätze nicht bestanden. Ebenso anziehend waren für mich seine Intelligenz und seine geistige Haltung.* [55] Nach Diaghilews erster Reaktion auf die Musik des *Sacre* befragt, erinnerte sich Strawinsky später: *Diaghilew hatte weniger ein musikalisches Urteil als ein außerordentliches Fingerspitzengefühl für die Erfolgsmöglichkeiten eines Musikstücks wie jedes anderen Kunstwerkes (...) Er erfaßte sofort den Ernst meiner neuen musikalischen Sprache, ihre Bedeutung und die Möglichkeit, daraus etwas zu machen.* Und nach dem Skandal der Uraufführung *sah er bestimmt zufrieden aus. Keiner hätte den Wert der Publicity schneller verstehen können, und er verstand sofort die gute Sache, die in dieser Hinsicht geschehen war. Sehr wahrscheinlich hatte er bereits an die Möglichkeit eines solchen Skandals gedacht...* [56]

Strawinsky war schon 1902 in Kontakt zu der Gruppe «Welt der Kunst» getreten; doch erst 1909 begannen *meine engen Beziehungen zu Diaghilew, die zwanzig Jahre hindurch bis zu seinem Tode dauern sollten. Aus der gegenseitigen Zuneigung entwickelte sich später eine Freundschaft, die so tief war, daß nichts sie erschüttern konnte, auch nicht Gegensätze des Geschmacks und der Ansichten, die unglücklicherweise während dieser langen Zeit manchmal zutage traten.* [57] Wie Strawinskys künstlerischer Werdegang in jenen entscheidenden 1910er Jahren ohne die Begegnung mit

Diaghilew – und das heißt auch, ohne die engste Verbindung mit der westlichen Avantgarde – verlaufen wäre, ist schlechterdings nicht vorstellbar. Strawinsky erinnert sich in den *Chroniques* anläßlich des Todesjahres Diaghilews voller Dankbarkeit: *Er war der erste, der zu mir kam, er ermutigte mich bei meinen Anfängen und unterstützte mich in seiner wirksamen, fördernden Weise. Er liebte meine Musik, er hatte Vertrauen in meine Entwicklung, und darüber hinaus wandte er all seine Energie daran, meine Gaben der Öffentlichkeit zugänglich zu machen (...) Erst heute, nachdem mehrere Jahre verflossen sind, beginnt man überall die Größe der Lücke zu erkennen, die durch seinen Tod entstanden ist, und deren ganzes Maß sich in der Unmöglichkeit zeigt, ihn zu ersetzen (...) Mir fällt dabei ein prachtvoller Ausspruch des Malers Konstantin Korowin ein, der eines Tages zu Diaghilew sagte: «Ich danke dir, ich danke dir, weil du bist.»* [58]

Sämtliche Ballettkompositionen Strawinskys zwischen 1910 und 1929, und das heißt, herausragende Werke dieser Zeitspanne, sind für die Ballets russes geschrieben oder stehen mit ihnen in engem Zusammenhang: *Feuervogel, Petruschka, Sacre, Renard, Les noces, Pulcinella, Apollon Musagète, Der Kuß der Fee.* Diaghilew brachte ferner als erster die Ballettproduktion von *Chant du rossignol* (der Symphonischen Dichtung nach der Oper *Le rossignol*) und *Feu d'artifice* heraus sowie die Premiere der Oper *Mavra.* Strawinsky blieb übrigens auch nach Diaghilews Tod seinem Kreis verbunden: Die späteren Ballette *Jeu de cartes, Orpheus* und *Agon* choreographierte Balanchine als erster, Dolin die *Scènes de ballet.*

Feuervogel – Petruschka – Sacre

Die Welt des Balletts hat Strawinsky sein Leben lang fasziniert, ungleich stärker als das Musikdrama. *Ballett war mir seit frühester Kindheit ein Begriff (...) Mit dem Größerwerden wurde ich gewahr, daß das Ballett im Begriff war zu versteinern und daß es faktisch schon reichlich steif und konventionell geworden war. Ich vermochte mir nicht vorzustellen, daß es für die Musik irgendwelche Bedeutung erlangen könnte, und ich hätte es nicht geglaubt, wenn mir jemand die Geburt einer neuen künstlerischen Entwicklung durch dieses Medium vorausgesagt hätte. Aber hätte sich diese Entwicklung ereignet ohne Diaghilew? Ich glaube nicht.* [59] *Trotz meiner Bewunderung für das klassische Ballett und seinen großen Meister Marius Petipa konnte ich dem Rausch nicht widerstehen, der mich beim Anblick der «Tänze des Prinzen Igor» und des «Karneval» erfaßte. Das waren die beiden Ballettaufführungen Fokines, die ich bis dahin gesehen hatte. Mich überkam die Sehnsucht, dem engen Kreis zu entweichen, in den ich bis dahin eingeschlossen war; mit Begierde ergriff ich die Gelegenheit, die sich mir bot.* [60]

Aus der Partitur des «Feuervogel»

Nach der ersten Arbeit für Diaghilew, der schon erwähnten Chopin-Instrumentation für «Les Sylphides», waren offenbar weitere Pläne ins Auge gefaßt worden. *Als ich im Herbst 1909 von Ustilug nach St. Petersburg zurückkehrte, hatte ich bereits begonnen, über den «Feuervogel» nachzudenken, obwohl ich mir des Auftrags noch nicht sicher war – der tatsächlich erst im Dezember kam, über einen Monat, nachdem ich mit der Komposition begonnen hatte. Ich erinnere mich an den Tag, als Diaghilew anrief, um mich aufzufordern, und an seine Überraschung, als ich ihm sagte, ich hätte bereits angefangen.*[61] (Die Komposition des Balletts war zunächst Anatol Ljadow angetragen worden, der sich jedoch, notorisch träge wie er war, zu nichts entschließen konnte.) *Obgleich ich zunächst entsetzt war, weil dieser Auftrag an eine bestimmte Frist gebunden war, und obgleich ich fürchtete, ich könne die Zeit nicht einhalten, denn ich kannte damals meine Kräfte noch nicht, nahm ich den Vorschlag an.*[62] Die Arbeit an der Oper *Le rossignol*, von der er den 1. Akt fertiggestellt hatte, ließ Strawinsky liegen und nahm sie erst 1913, nach dem *Sacre*, wieder auf.

Als Autor des Librettos wird Fokine genannt, *doch ich erinnere mich, daß alle von uns*, neben Fokine also Diaghilew, Nijinskij, Benois, Strawinsky, *und vor allem Bakst, der Diaghilews wichtigster Berater war, zum Plan des Szenarios beitrugen*[63]. Im Libretto, *composé d'après le conte national russe*, wie es in der Partitur heißt, sind zwei russische Volksmärchen miteinander verknüpft; derselbe Stoff war schon von dem italienisch-russischen Komponisten Catterino Cavos (der übrigens zu Diaghilews Vorfahren gehörte) für eine Oper verwendet worden, um 1820, und erneut 1902 in Rimsky-Korsakows Oper «Der unsterbliche Kastschej». So waren Strawinskys anfängliche Vorbehalte gegenüber dem Projekt begreiflich. *Als Sujet zog mich der «Feuervogel» nicht an. Wie alle Handlungsballette verlangte er deskriptive Musik, die ich nicht schreiben wollte (...) Vor allem konnte ich die Annahme nicht ertragen, meine Musik würde ein nachgemachter Rimsky-Korsakow sein, zumal ich mich damals so gegen den armen Rimsky auflehnte.*[64]

Trotzdem ist eine enge Beziehung der Musik des *Feuervogel* vor allem zu Rimsky-Korsakow unüberhörbar; Strawinsky selbst betonte, neben der Erwähnung Tschaikowskyscher Einflüsse: *Die Manier Rimskys äußert sich mehr in der Harmonik und im Orchesterkolorit, obgleich ich ihn mit ponticello-, col legno-, flautando-, glissando- und Flatterzungen-Effekten noch zu überbieten suchte.*[65] Die klangliche Raffinesse, mit der Strawinsky die Errungenschaften seines *Scherzo fantastique* fortsetzte, verleiht der Partitur, auch losgelöst von szenischer Darbietung, einen hohen ästhetischen Wert, wie er in der Tradition von Ballettmusik bisher durchaus nicht selbstverständlich war – man vergleiche damit aber die Kompliziertheit der Ballettkompositionen Debussys und Ravels wenige Jahre später. Zur klanglichen Differenzierung tritt die rhythmisch-metrische. Die Impulse beugen sich nicht mehr den bis dahin üblichen (und erwarteten) regelmäßigen Folgen von Takten, Taktunterteilungen und Taktgruppen, dem Schema der glatten «Quadratur». In späten Jahren noch hat Strawinsky in diesem Zusammenhang auf den ⅞-Takt-Abschnitt des Schlusses aufmerksam gemacht, der in sich wiederum auf verschiedene Weisen untergliedert ist; für diese Stelle ist bemerkenswert, daß Strawinsky die Vorlage, eine russische Volksweise, aus ihrem ursprünglichen Dreiermetrum (so wie sie zu Beginn der Hymne zunächst auch zitiert

Natalia Gontscharowa: Figurine zum «Feuervogel»

wird) ganz herauslöst, die Melodie in eine Folge gleicher Viertelwerte abstrahiert und aus diesen Elementen verschiedene metrische Einheiten neu zusammensetzt. Hier kündigt sich schon, wie übrigens auch im harten Klang von Ostinatopartien, in der brutalen Motorik der *Danse infernale*, die Kompositionstechnik des *Sacre* an. Théodore Strawinsky hat so unrecht nicht mit seiner Behauptung, schon der *Feuervogel* markiere «den Bruch zwischen der Kunst Strawinskys und der Ästhetik der berühmten Gruppe der ‹Fünf›»[66].

Vor welch ungewohnte Schwierigkeiten diese Musik die Tänzer stellte, hat Tamara Karsawina, der erste «Feuervogel» – die Pawlowa, ursprünglich für die Titelpartie ausersehen, hatte abgelehnt, angeblich mit der Begründung, solchen Unsinn tanze sie nicht –, später beschrieben: «Meine musikalische Erziehung begann recht eigentlich mit dem *Feuervogel* und schritt mit jedem hierauf folgenden Erlebnis Strawinskyscher Musik fort. Bildlich gesprochen war es ein tränenreiches Lernen. Zwar durchdrang mich die poetische Ausdruckskraft des *Feuervogel* sofort. Für jemand wie mich aber, die ich bisher nur auf leicht erkennbare Rhythmen und einfach faßliche Melodien erzogen worden war, gab es Schwierigkeiten, das kompositorische Muster eines musikalischen Themas in seiner reich verästelten Orchestrierung wie hier bei Strawinsky zu verfolgen (...) Strawinsky zeigte Güte und Geduld mit meiner Unvollkommenheit. Oft erschien er vor einer Probe früher im Theater, um wieder und wieder einige schwierige Passagen für mich zu spielen. Ich war ihm nicht nur dafür dankbar, daß er mir half, sondern auch dafür, wie er es tat. Da war keine Ungeduld über mein langsames Verstehen, kein Herabblicken eines Meisters von seinem Rang auf mein spärliches musikalisches Rüstzeug.»[67]

Die Karsawina war vollkommen in der Rolle des Vogels. Die schöne und graziöse Tänzerin hatte einen großen Erfolg. Die Aufführung, im Juni 1910 in der Opéra, *wurde vom Pariser Publikum sehr warm aufgenommen. Ich möchte, daß man mich nicht mißversteht, ich schreibe dies keineswegs nur meiner Partitur zu. Das lag ebensosehr an der szenischen Wiedergabe, der prächtigen Ausstattung, die der Maler Golowin entworfen hatte, den wundervollen Leistungen der Truppe Diaghilews und dem Können* des Choreographen Fokine, *der selbst den Iwan Zarewitsch tanzte. Bei meinem Aufenthalt in Paris bot sich mir Gelegenheit, verschiedene Persönlichkeiten der musikalischen Welt kennenzulernen – Debussy, Ravel, Florent Schmitt und Manuel de Falla. Debussy kam am Abend der Premiere auf die Bühne, um mich zu meiner Musik zu beglückwünschen. Das war der Anfang freundschaftlicher Beziehungen, die bis zu seinem Tode dauern sollten.*[68] *Anläßlich des «Feuervogel» begegnete ich zum erstenmal Proust, Giraudoux, Paul Morand, Saint-John Perse, Claudel (...) Ich wurde auch Sarah Bernhardt vorgestellt, die in einem Rollstuhl in ihrer Privatloge saß, dicht verschleiert und schrecklich besorgt, daß jemand sie erkennen könnte.*[69]

Als ich aus den besten Nummern eine Suite ausgewählt und sie mit Konzertschlüssen versehen hatte, wurde die Musik des «Feuervogel» in ganz Europa gespielt, und bald wurde sie eines der populärsten Werke im Orchesterrepertoire[70]; *seit 1915, als Strawinsky die Komposition zum erstenmal selbst dirigierte, hat er sie an die tausendmal aufgeführt*[71].

Im Sommer 1910 befaßte sich Strawinsky schon mit *Le sacre du printemps. Um mich abzulenken, wollte ich vorher ein Werk für Orchester komponieren, in dem das Klavier eine hervorragende Rolle spielen sollte –*

eine Art von «Konzertstück». Bei dieser Arbeit hatte ich die hartnäckige Vorstellung einer Gliederpuppe, die plötzlich Leben gewinnt (...) Es entwickelt sich ein schrecklicher Wirrwarr, der auf seinem Höhepunkt mit dem schmerzlich-klagenden Zusammenbruch des armen Hampelmanns endet.[72] *Als Diaghilew und Nijinskij mich einige Tage später besuchten, konnte ich ihnen einen beträchtlichen Teil davon vorspielen.*[73] *Es gefiel Diaghilew so sehr, daß er nicht locker ließ und mich überredete, das Thema vom Leiden der Gliederpuppe auszuspinnen und daraus ein großes Tanzspiel zu machen.* (Zunächst aber, so scheint es, führte Strawinsky den ursprünglichen Plan eines *Konzertstücks* weiter und schrieb noch die *Danse russe*. Diese beiden Sätze – im Ballett dann die 2. Szene und der zweite Teil der 1. Szene – heben sich von den später geschriebenen durch den ausgesprochen solistisch-konzertanten Klavierpart ab.) *Ich suchte nach einem Titel, der in einem einzigen Wort den Charakter der Musik und damit zugleich die traurige Figur bezeichnen könnte. Eines Tages machte ich vor Freude einen Luftsprung. «Petruschka»!, der ewig unglückliche Held aller Jahrmärkte in allen Ländern – ich hatte meinen Titel gefunden.*[74]

Wir arbeiteten Thema und Disposition des Stückes nach meiner Idee in großen Linien aus. Als Schauplatz wählten wir den Marktplatz mit seiner Menschenmenge, seinen Buden und den Zauberkünsten des Taschenspielers; die Puppen erwachen zum Leben – Petruschka, sein Rivale und die Ballerina –, das Drama der Leidenschaft läuft ab und endet mit dem Tod Petruschkas[75] – das Stück selbst aber dreht eine Volte und läßt, musikalisch unmißverständlich, Petruschkas Geist wieder auferstehen – weder Puppe, wie zu Beginn, noch Mensch, wie im *Drama der Leidenschaft* auf der zweiten Spielebene, sondern doppeldeutige Symbolfigur. *So wie ich es auffaßte,* kritisierte Strawinsky später Fokines Choreographie, *ist Petruschkas Geist der richtige Petruschka, und durch dessen Erscheinen am Ende des Spiels wird der Petruschka, der vorher spielte, zur bloßen Puppe (...) Er zeigt dem Publikum, wie er es an der Nase herumgeführt hat.*[76] (Ein skurriler Humor, der an Gogols Geschichten denken läßt.) *Die Auferstehung von Petruschkas Geist war meine Idee, nicht die von Benois.*[77] Zusammen vor allem mit Benois, der ein begeisterter Kenner des russischen Puppentheaters war, arbeitete Strawinsky das Stück aus, im Winter in St. Petersburg (das er damals für lange Zeit zum letzten Mal sah), im Frühjahr 1911 in Monte Carlo und in Rom.

Der große Erfolg von «Petruschka» bei der Pariser Premiere, im Juni 1911, mit Nijinskij in der Titelrolle, war eine Überraschung (...) Ich fürchtete, die französischen Musiker, Ravel insbesondere, der jede Kritik an den russischen «Fünf» übelnahm, würden die Musik von «Petruschka» genau als solche Kritik aufnehmen – was sie in der Tat auch war.[78] *Ich war beim «Petruschka» keineswegs von folkloristischen Elementen angezogen.*[79]

Strawinsky entwickelt hier, in wohl nicht nur oberflächlicher Analogie

Alexandre Benois: Letzte Szene von «Petruschka»

zum Sujet des künstlich Lebendigen, des Automatischen des Puppen-
menschen, auf mehreren Ebenen der Musik ein Verfahren des Neuzusammensetzens, künstlichen Kombinierens einzelner, oft heterogener
Elemente. Materialien russischer Folklore werden in variable Intervall-
kombinationen zerlegt, in obstinaten Wiederholungen, in verschiedenen
Metren – auch simultan übereinander – neu montiert, ganz wie später in
Les noces; verschiedene Tonarten oder Modi erklingen gleichzeitig; rigo-
rose Brechungen des Zusammenhanges durch Einblendungen von Partien «trivialer» Musik (einer Leierkastenmelodie, eines französischen

Strawinsky und Vaclav Nijinskij
(im «Petruschka»-Kostüm). Paris, 1911

Zeichnung von Alexandre Benois. Rom, 1911

Gassenhauers, der Strawinsky damals im Ohr lag, Fragmente zweier Walzer von Lanner) wirken wie Montage, wie Verschnittechniken. (Die exakte zeitliche Parallele zum Kubismus in der französischen Malerei mit seiner Absage an das Kontinuum von Perspektive und – in der Collage – die Einheit des Materials ist auffallend.) Freilich hat dies alles noch in der burlesken Simultanszene der Jahrmarktswelt und, übergeordnet, in der Verschachtelung der zwei Ebenen von «Theater» seinen dramaturgischen Rückhalt, tritt noch nicht in der radikalen Konsequenz der rein musikalischen Konstruktion auf, wie in Strawinskys Werken nach 1914. Daß *Petruschka* in Paris nicht auf Widerstand stieß, verwundert im Grunde nicht so sehr; man braucht nur an einige Werke von Emmanuel Chabrier – etliche Zeit schon vor der Jahrhundertwende – mit ihren frech gepfefferten «Stilmischungen» zu denken.

1946/47 hat Strawinsky *Petruschka* uminstrumentiert und auch umgearbeitet, und zwar so radikal wie kein anderes seiner Werke. Ernest Ansermet verurteilte die Neufassung insbesondere von *Petruschka* rigoros, ihre «Korrekturen, die nicht notwendig waren und zu denen ihn die Vereinfachung der Instrumentation keineswegs zwang. Alles ist schematisiert, und was früher geschmeidig und gebunden war, ist jetzt trocken und hart, die rhythmische Kadenzierung wird von einer rigorosen Metrik beherrscht. Für mich sind diese Veränderungen, an denen er so unerbittlich festhielt, wahre Verbrechen gegen sich selbst. Deshalb bleibe ich auch bei *Petruschka* zum Beispiel der Originalfassung treu.»[80] Strawinsky selbst gesteht zu, *daß die originale und die revidierte Fassung wie zwei verschiedene geologische Schichten sind, die nichts miteinander zu tun haben*[81].

Den Sommer 1911 verbrachte Strawinsky in Ustilug; er schrieb am *Sacre*, dazwischen jedoch, als Kontrast, zwei sehr kurze Vokalkompositionen: die beiden *Balmont-Lieder*, die die Floskeltechnik von *Les noces* ahnen lassen, und – über ein symbolistisches Poem desselben Dichters – die Kantate *Zvezdoliki* (ungenau mit *Le roi des étoiles* übersetzt, wörtlich: «Der Sterngesichtige») für Männerchor und Orchester. Dieses Stück, es dauert nur sechs Minuten, hat weder mit dem Idiom des *Petruschka* noch mit dem des *Sacre* das geringste gemeinsam, es erinnert merkwürdigerweise von ferne an den expressiven Gestus der Musik Schönbergs und *bleibt in gewisser Beziehung meine «radikalste» und schwierigste Komposition*[82]. (Aufgeführt wurde das Werk erstmals 1939.) Debussy, dem Strawinsky es widmete, bedankte sich mit Worten, die seine Fassungslosigkeit in freundliche Metaphern kleideten: «Die Musik von *Le roi des étoiles* bleibt außerordentlich ... Wahrscheinlich ist das die ‹Harmonie der ewigen Sphären›, von der Plato spricht (...) Und ich sehe nicht, wo man die Kantate für ‹Welten› aufführen könnte außer auf dem Sirius oder dem Aldebaran. Was unseren bescheideneren Planeten anbelangt, wage ich zu behaupten, daß sie für den Hörer wie in einem Abgrund versenkt bleibt.»[83] Über die Partitur des *Sacre* hingegen, die so viele Zeitgenossen schockierte, schrieb Debussy wenige Monate später fast erleichtert: «Da ist die Musik, die ich eben erhalten habe, schon besser, denn sie hat etwas Zustimmendes und etwas Sieghaftes an sich!»[84]

Außer zu Debussy – *ich sah ihn damals häufig; es war rührend, welche Sympathie er mir und meinen Kompositionen entgegenbrachte*[85] – hatte Strawinsky während jener Pariser Jahre vor allem zu Manuel de Falla, dem *loyalsten aller meiner Freunde unter den Musikern*[86], und zu Maurice

Strawinsky bei Claude Debussy, fotografiert von Erik Satie. Paris, 1910

*Alexandre Benois und Igor Strawinsky,
fotografiert von Tamara Karsawina. Tivoli, 1911*

Ravel engen Kontakt geknüpft, ferner zu Erik Satie, dem exzentrischen Außenseiter und großen Anreger. *Er war gewiß eine der seltsamsten Personen, die ich je gekannt habe, aber ebenso auch eine der geistreichsten. Ich hatte eine große Vorliebe für ihn, und ich glaube, auch er schätzte meine Freundschaft und mochte mich gut leiden.*[87] *Er war ein pfiffiger Bursche, geschickt, boshaft und verschlagen. Von seinen Werken mochte ich immer «Socrate» am liebsten und daneben einige Stellen aus «Parade».*[88] *Ich war mir immer über die Rolle im klaren gewesen, die er im französischen Musikleben gespielt hat, indem er dem vagen Impressionismus, der schon im Sterben lag, eine feste und klare Musiksprache entgegenstellte, die sich aller überflüssigen Klangmalerei enthält.*[89]

Im Winter 1912/13 reiste Strawinsky mit Diaghilew zu Erstaufführungen von *Feuervogel* und *Petruschka* in einige europäische Städte. In Berlin, wo Kaiser Wilhelm Arenskys «Cléopâtre» dem *Petruschka* vorzog, lernte er Richard Strauss kennen, den damaligen Generalmusikdirektor. *Er kam auf die Bühne und zeigte viel Interesse für meine Partitur.*[90] Zwei Jahre später *hatte ich bei Diaghilews Inszenierung der «Josephs Legende» Gelegenheit, Strauss aus der Nähe zu betrachten (...) Er war sehr groß, kahl, energisch, Abbild des «bourgeois allemand». Ich beobachtete ihn bei den Proben und bewunderte die Art, wie er dirigierte. Jedoch war sein Verhalten dem Orchester gegenüber weniger bewundernswert, und die Musiker verabscheuten ihn aufrichtig. Aber jede seiner Korrekturen war exakt (...) Seine Musik erinnerte mich zu jener Zeit an Böcklin und Stuck und die «deutschen grünen Greuel».*[91]

In Berlin hatte ich auch Gelegenheit, zum erstenmal Musik von Schönberg zu hören, der mich zu einem Konzert einlud, in dem sein «Pierrot lunaire» gespielt wurde. Ich war keineswegs entzückt von dem Ästhetizismus dieses Werkes, der mir wie ein Rückfall in den längst überwundenen Beardsley-Kult vorkam.[92] Dreißig Jahre nach dieser Bemerkung in den *Chroniques* aber, als Schönberg längst tot war, gestand Strawinsky: *Der wahre Reichtum von «Pierrot» – Klang und Substanz, denn «Pierrot» ist das Sonnengeflecht und der Geist der Musik des frühen zwanzigsten Jahrhunderts – ging über meine Begriffe, so wie er damals über jedermanns Begriffe ging (...) Nichtsdestoweniger wußte ich, daß dies die zukunftsträchtigste Begegnung meines Lebens war.*[93] Obwohl sich 1912 eine freundschaftliche Beziehung anzubahnen schien, sind sich Strawinsky und Schönberg später absichtlich aus dem Weg gegangen; Schönbergs Mißverstehen eines Interviews Strawinskys, andrerseits Verärgerung über Schönbergs peinlich billige Verspottung des «kleinen Modernsky» in den «Drei Satiren» op. 28 haben das ihre dazu getan. Erst 1945 sind sich die beiden Größten unter den Komponisten ihrer Zeit wieder begegnet; nähergekommen sind sie sich niemals.

Als ich in St. Petersburg die letzten Seiten des «Feuervogel» niederschrieb (die Partitur wurde im Mai 1910 abgeschlossen), *überkam mich eines Tages – völlig unerwartet, denn ich war mit ganz anderen Dingen beschäftigt – die Vision einer großen heidnischen Feier: alte weise Männer sitzen im Kreis und schauen dem Todestanz eines jungen Mädchens zu, das geopfert werden soll, um den Gott des Frühlings günstig zu stimmen.*[94] In späteren Gesprächen mit Robert Craft scheint Strawinsky eine präzisere Aussage zu machen: *Ich hatte eine Szene eines heidnischen Rituals geträumt, in dem eine auserwählte Opferjungfrau sich zu Tode tanzt. Doch diese Vision war nicht von konkreten musikalischen Ideen begleitet.*[95] Aber sie muß von zwingender Gewalt gewesen sein; denn einerseits, um sich *abzulenken*[96], stürzte Strawinsky sich auf die Arbeit an der *rein musikalischen Konzeption*[97] eines «Konzertstücks» (aus dem *Petruschka* wurde), andrerseits besprach er sich unverzüglich mit Nikolaus Roerich, der zugleich ein besessener Archäologe war und als einer der ersten Kenner der slawischen Frühgeschichte galt, *denn wer sonst konnte mir helfen, wer sonst kennt das Ge-*

Neues Opern-Theater
Königsplatz 7.

Donnerstag, den 21. November 1912
☛ abends 8 Uhr: ☚

━━━━━ Gastspiel des ━━━━━

Russischen Balletts
Generaldirektor: Sergei von Diaghilew.

Der Feuervogel
Märchenballet in zwei Abteilungen von M. Fofin.

Musik von J. Strawinsky.

(Besetzungsangaben)

Der Karneval
Pantomimisches Ballet in einem Akt von M. Fofin.
Musik von Robert Schumann, orchestriert von Rimsky-Korsakow, Liadoff, Tscherepnin und Glazounoff.

(Besetzungsangaben)

Der Geist der Rose
Choreographisches Bild nach einem Gedicht von Th. Gautier.
Musik von C. M. Weber.

(Besetzungsangaben)

Polowetzer Tänze
aus der Oper „Prinz Igor". Musik von A. Borodin.

(Besetzungsangaben)

Textbücher und Theaterzettel sind an den Tageskassen, im Vestibül und bei den Logenschließern zu haben.

Preis 20 Pfg. ☛ Die Kasse ist von ½10—1 Uhr geöffnet. ☚ Preis 20 Pfg.

Anfang 8 Uhr.   Ende gegen 10½ Uhr.   Kassenöffnung 7 Uhr.

Berlin, 1912

heimnis der engen Verbundenheit unserer Vorväter mit der Erde? Wir schufen das Libretto in wenigen Tagen.[98]

Es fällt auf, daß Strawinsky in den auf Luzidität bedachten *Chroniques* wenig über den *Sacre* spricht, ein Hauptwerk nicht nur in seinem eigenen Schaffen, auch ein chef-d'œuvre des 20. Jahrhunderts, ein Werk aber, das mit tiefsten Schichten verbunden ist wie kaum ein zweites von Strawinsky. *Vielleicht ist der Leser erstaunt, daß ich so wenig von meiner Musik zum «Sacre» spreche. Aber ich enthalte mich dessen mit guter Absicht. Ich fühle mich heute, nach zwanzig Jahren, durchaus unfähig, mich der Gefühle zu entsinnen, die ich empfand, als ich das Werk komponierte.*[99] Die Empfindungswelt der Vision des *Sacre* wird nobel verschwiegen; vielleicht ist sie auch in Sprache kaum zu übersetzen. Einige andere Stellen in

37

seinen Äußerungen jedoch lassen die urtümliche Gewalt ahnen, von der Strawinskys Vision geprägt war und die er hat Musik werden lassen. *Ich möchte*, heißt es in einem Brief von 1912, *daß mein Werk das Gefühl der engen Verbundenheit der Menschen mit der Erde, des menschlichen Lebens mit dem Boden vermittelt, und ich habe versucht, das durch einen lapidaren Rhythmus zu erreichen. Das ganze Ding muß von Anfang bis zum Ende getanzt werden. Ich erlaube nicht einen einzigen Takt für Pantomime.* [100] An Roerich schrieb er im März 1912: *Es scheint mir, daß ich in das Geheimnis des Frühlingsrhythmus eingedrungen bin und daß die Musiker es fühlen werden.* [101] Eine Bemerkung, hingeworfen in späteren Gesprächen mit Craft, könnte den biographischen Schlüssel hierzu geben: Auf die Frage «Was liebten Sie am meisten in Rußland?» antwortet Strawinsky: *Den heftigen russischen Frühling, er schien in einer Stunde zu beginnen, und die ganze Erde schien mit ihm aufzubrechen. Das war das herrlichste Ereignis in jedem Jahre meiner Kindheit.* [102]

Die Gewalt der Natur wird im *Sacre* Musik in komplexen Akkordballungen, in einer eruptiven Klanglichkeit, im überbordenden Geräusch jenseits (besser gesagt, unterhalb) von Konsonanz und Dissonanz, in *lapidaren* Rhythmen, die aber unregelmäßig sind (das durchgehende Maß der *Danse infernale* im *Feuervogel* ist dagegen vergleichsweise akademisch gesittet), voller Überraschungen wie die Natur selbst. Strawinsky an André Rimsky-Korsakow (den Sohn des Komponisten, mit dem er lange

Szene aus «Le sacre du printemps». Fotografie, Paris 1913

Jahre befreundet war): *Mir scheint, als seien nicht zwei Jahre verstrichen, sondern zwanzig, seit ich den «Feuervogel» komponiert habe.*[103] Der *Sacre* ist ein Jahrhundertwerk, und obschon viele seiner Errungenschaften inzwischen trivialisiert wurden, steht eine genaue Analyse seiner komplexen Strukturen immer noch aus. *Beim «Sacre» wurde ich von keinem System irgendwelcher Art geleitet (...) Ich hatte nur mein Ohr als Hilfe. Ich hörte, und ich schrieb, was ich hörte. Ich war das Gefäß, durch das der «Sacre» hindurchging.*[104]

Es ist auffallend und wirft indirektes Licht auf das Werk, daß Strawinsky in seiner Lebenserzählung zu Beginn seines Berichts über das äußere Schicksal des *Sacre* einen – verhältnismäßig langen – Exkurs über seinen damaligen Besuch in Bayreuth (1912) einschaltet; einen Exkurs, in dem er unverhohlene Abneigung gegen die romantische Welt der Kunstreligion formuliert, gegen *das Widersinnige dieser erbärmlichen Ästhetik*[105]. Der «Parsifal», *die ganze Bayreuther Aufmachung*[106] als Ersatzreligion, als blasse, lebensferne Imitation eines Kults auf der einen Seite – und, unausgesprochen, als Gegenentwurf dazu die barbarische Welt des *heidnischen Rußland* im *Sacre*, die, weit entfernt von jeder Kunstreligion, keine archäologischen und rituellen Rekonstruktionen gibt, sondern Urschichten der Musik bloßlegt. Das älteste Sujet erzeugt die neueste Musik, die mit beinah physischer Gewalt eindringt.

Im November 1912 war, bis auf kleine nachträgliche Änderungen, die ganze Partitur fertig instrumentiert. Zu dieser Zeit spielte Strawinsky in Paris das Werk einem kleinen Kreis von Freunden vor (Jean Cocteaus berühmte Zeichnung ist nach Strawinskys Aussage damals entstanden). Florent Schmitt, der Komponist und Kritiker, schrieb in einer Pariser Zeitung begeistert «von der unerhörten Schönheit des Werkes, von der wahrhaftigen Offenbarung dieser neuen Probe des Genies des jungen russischen Komponisten, die mehr Bedeutung hat als alle Musik, die heute im ganzen Universum aufgeführt werden kann, denn dieses Werk enthält Freiheit, Neuheit, Reichtum und Leben»[107].

Während ich den «Sacre» komponierte, sah ich das Schauspiel vor mir als eine Folge ganz einfacher rhythmischer Bewegungen, die von blockartig aufgebauten Gruppen ausgeführt werden, so daß ein unmittelbarer Eindruck auf den Zuschauer entsteht. Alle überflüssigen Einzelheiten, alle Verwicklungen, die den großen Eindruck hätten abschwächen können, sollten verbannt sein; nur für die «Danse sacrale», mit der das Werk endet, war eine Solotänzerin vorgesehen. Die klare eindeutige Musik verlangt eine entsprechende Choreographie, die ebenso klar ist wie sie und ebenso faßlich. Nijinskij begriff den dramatischen Charakter dieses Tanzes sehr gut, aber er war wieder einmal unfähig, ihn in verständlicher Form darzustellen, und er kompliziert alles aus Ungeschicklichkeit oder Mangel an Einsicht.[108]

Dieses negative Urteil in den *Chroniques* – in späteren Gesprächen hat er sich noch weit drastischer geäußert[109] – spiegelt jedoch die geänderten Anschauungen Strawinskys wider, auch der Eindruck der gänzlich anderen Neuchoreographie des *Sacre* durch Massine (1920) spielte dabei eine Rolle. 1913 aber bewertete Strawinsky Nijinskijs Choreographie als *unvergleichlich. Mit Ausnahme einiger Stellen ist alles so, wie ich es wünschte. Man muß lange Zeit warten, bis sich das Publikum an unsere neue Sprache gewöhnt, aber ich bin mir über den Wert dessen, was wir geleistet haben, sicher, und das gibt mir Stärke für weitere Arbeit.*[110] Strawinsky wandte sich damals nachdrücklich gegen die Meinung von Kritikern, Nijinskijs Choreographie sei der Musik *unangemessen (. . .) Sie irren. Nijinskij ist ein bewunderungswürdiger Künstler. Er ist fähig, die Kunst des Balletts zu*

Vaclav Nijinskij, fotografiert von Strawinsky. Monte Carlo, 1911

Strawinsky spielt «Le sacre du printemps».
Zeichnung von Jean Cocteau. Paris, 1912

revolutionieren. Er ist nicht nur ein wunderbarer Tänzer, er ist auch im-
stande, Neues zu kreieren. Sein Beitrag zum «Sacre du printemps» war
außerordentlich wichtig.[111]

Die Pariser Premiere des *Sacre* im Mai 1913 rief einen jener großen
Skandale hervor, die die Entstehung der Neuen Musik in diesem Jahrhundert so häufig begleiteten. Der fürchterliche Lärm, den die Zuschauer
entfesselten, soll das Orchester ganz übertönt haben, Nijinskij, erzählt
Strawinsky, stand in den Kulissen und brüllte den Tänzern die Taktkom-
mandos zu. (Es ist schwer abzuschätzen, inwieweit Zufall und Intrige bei
diesem Skandal mitgespielt haben; denn die Generalprobe, von Künstlern und *kultiviertesten Mitgliedern der Gesellschaft*[112] besucht, war ohne
Störung verlaufen.) Doch schon die dritte Aufführung rief «heftigen
Applaus» hervor.[113] Ein knappes Jahr später, im April 1914 in Paris, wurde der *Sacre* zum erstenmal konzertant gegeben: *eine glänzende Rehabili-*
tierung. Der Saal war überfüllt. Das Publikum, das nicht durch szenische
Bilder abgelenkt wurde, hörte mein Werk mit konzentrierter Aufmerksam-
keit an.[114] «Nach dem Schlußakkord», schrieb ein Kritiker, «brach ein
Taumel aus. Die Massen der Zuschauer, fiebernd vor Begeisterung,

schrien den Namen des Komponisten (...) Für Igor Strawinsky ein Hommage grenzenloser Verehrung.»[115]

In St. Petersburg allerdings, wo der *Sacre* bereits im Winter 1913/14 konzertant aufgeführt worden war, machte sich fast einmütige Ablehnung breit, und Strawinsky wurde von vielen angegriffen, die ihm zuvor nahestanden. (Schon 1910, bei der erfolgreichen Präsentation des *Feuervogel* in St. Petersburg, hatten sie ihn durch neiderfülltes Schweigen verletzt.) Als Strawinsky gar wagte, Mussorgskys «Chowanschtschina» für Diaghilew zu bearbeiten (1913), zerbrach endgültig die Freundschaft zum Rimsky-Kreis, der sich in Sachen Mussorgsky als den einzigen legitimen Statthalter ansah. (Rimsky-Korsakow hatte Mussorgskys «Boris Godunow» bearbeitet.) Gewiß haben diese Umstände Strawinskys Entschluß, 1914 im Westen zu bleiben, eher erleichtert.

Kriegsjahre im Exil

Ich hatte meine Eltern im Sommer 1895 nach Interlaken begleitet, und in den folgenden Jahren waren wir wiederholt in die Schweiz gefahren (...) Damals, nach der Premiere des «Feuervogel», fühlte ich den Wunsch, die Schweiz wiederzusehen, die ich in meiner Kindheit kennengelernt hatte. [116]
Von 1910 an verbrachte Strawinsky mit seiner Familie regelmäßig den Herbst und den Winter in der französischen Schweiz, fast immer in Clarens. So war es nur natürlich, daß, als er bei Kriegsausbruch nicht nach Rußland zurückkehren wollte, er seinen Wohnsitz in der Schweiz nahm: zunächst wieder in Clarens, wo er die Villa «La Pervenche» mietete, die Ernest Ansermet gehörte, seit 1915 dann in Morges nahe Lausanne.

Im Winter 1912/13 vollendete Strawinsky in Clarens die Partitur des *Sacre*; gleichzeitig arbeitete er, das ist für seine Schaffensweise von da an bezeichnend, an einer *gänzlich anderen Komposition, die mir sehr am Herzen lag* [117], an den *Drei japanischen Liedern. Als Ravel in Clarens war, spielte ich ihm meine «Poèmes japonais» vor. Alles, was instrumentale Ziselierung und Feinheit der musikalischen Handschrift ist, lockt und begeistert ihn; so biß er auch damals sofort an und beschloß, etwas Gleiches zu schreiben. Wenig später spielte er mir seine bezaubernden «Poèmes» nach Mallarmé vor.* [118] Ravel lebte damals in Clarens, um gemeinschaftlich mit Strawinsky, der die Arbeit zu teilen wünschte, im Auftrag Diaghilews von Mussorgskys Oper «Chowanschtschina» eine aufführungsreif ergänzte Version herzustellen (gespielt 1913 in Paris und London) – die allerdings dann doch zum größten Teil auf Rimsky-Korsakows Fassung basierte, von der Diaghilew hatte gerade abrücken wollen. *Die neue Version wurde eine Mischung, die noch mehr auseinanderfiel als die Bearbeitung von Rimsky-Korsakow.* [119]

Kaum war ich 1913 aus Ustilug nach Clarens zurückgekehrt, um hier wie gewöhnlich den Winter zu verbringen, als ich von der Freien Bühne in Moskau, die damals gegründet wurde, den Auftrag erhielt, meine Oper «Le rossignol» zu vollenden. Ich schwankte lange, ob ich diesen Auftrag annehmen sollte. Von der Oper existierte nur der 1. Akt; *meine musikalische Sprache hatte sich seitdem erheblich gewandelt, und ich fürchtete, daß*

In Rom, 1913

*die Musik der folgenden Bilder durch ihren neuen Geist sich zu sehr (...)
unterscheiden würde.*[120] Später meinte Strawinsky (in einer Anmerkung
zu Gesprächen mit Craft): *Ich finde heute, daß der 1. Akt trotz seiner
offensichtlichen Debussyismen (...) wenigstens opernwirksam ist, während es sich bei den folgenden Akten mehr um eine Art Ausstattungsopern-
ballett handelt. Ich kann den musikalischen Stil der späteren Akte – die
großen Sekunden, die parallelen Intervalle, die pentatonischen Tonfolgen,
die Orchestereffekte wie Tremolos, sordinierte Bässe, Kadenzen – nur dem
Umstand zuschreiben, daß ich nach fünf Jahren, und besonders nach dem*

44

«Sacre», Schwierigkeiten hatte, wieder eine Oper zu schreiben.[121] (Doch
Strawinsky wollte ohnedies bewußt von der Manier des *Sacre* abrücken.
Im Oktober 1913 schreibt er an Benois: *Ich kann nicht komponieren, was
man von mir verlangt, das hieße, mich selbst zu wiederholen (...) Das ist
die Art, wie Leute sich ausschreiben.*[122]) Kurz vor der Fertigstellung der
Partitur brach das Moskauer Theaterunternehmen zusammen, und Strawinsky überließ das Werk Diaghilew, der die Oper im Mai 1914 in Paris,
anschließend in London unter Sir Thomas Beecham, auf die Bühne
brachte. *Die Premiere war nur insofern kein Erfolg, als sie keinen Skandal
hervorrief (...) Was die Szenerie betrifft, war dies dank Alexandre Benois,
der die Bühnenbilder und Kostüme entworfen und sich dem Werk mit Leidenschaft gewidmet hatte, die schönste Ausstattung von allen meinen früheren Werken bei Diaghilew.*[123] 1917 hatte Diaghilew die Absicht, *Le rossignol* als Ballett herauszubringen. *Ich machte ihm einen Gegenvorschlag.
Ich hatte sowieso die Absicht, aus der Musik zu den beiden homogenen
Akten von «Le rossignol» (dem 2. und 3. Akt) eine symphonische Dichtung für Orchester zusammenzustellen; ich bot ihm nun an, über diese Arbeit zu verfügen, falls er sie für ein Ballett gebrauchen könne. Der Gedanke
gefiel ihm sehr. Ich verfaßte also nach dem Märchen Andersens ein Szena-
rium, das unserem Plan entsprach, und begann sogleich mit der Bearbeitung.*[124] (Zur gleichen Zeit brachte Strawinsky wiederum ein völlig an-
dersgeartetes Werk, nämlich *Les noces*, zum vorläufigen Abschluß.) Ernest Ansermet dirigierte Ende 1919 in Genf die konzertante Premiere
und kurz darauf in Paris die Ballettproduktion Diaghilews in der Choreographie von Massine und der Ausstattung von Henri Matisse. (Eine für
Rom 1916 geplante Inszenierung, für die der futuristische Maler Fortuna-
to Depero fantastisch-geometrische Entwürfe geliefert hatte, war nicht
zustandegekommen.)

Im Sommer 1914 war Strawinsky zum letzten Mal in Rußland, in Ustilug und in Kiew. *Während dieser Zeit beschäftigte mich der Gedanke an ein
großes Divertissement oder vielmehr an eine Kantate über eine ländliche
Hochzeit* (die späteren *Les noces*). *In Kiew fand ich in Anthologien russischer Volkslieder eine Menge Texte, die hierauf Bezug hatten. Ich sammelte
sie und nahm sie mit in die Schweiz. Als ich aus Rußland zurückfuhr, über
Warschau, Berlin, Basel, hatte ich angesichts der Nervosität, die in Mittel-
europa herrschte, das klare Gefühl, daß wir am Vorabend ernster Ereignisse
ständen. Vierzehn Tage später war der Krieg erklärt. Da ich als dienstuntaug-
lich ausgemustert war, brauchte ich nicht in mein Vaterland zurückkehren;
ich ahnte auch nicht im entferntesten, daß ich es nie wiedersehen würde,
jedenfalls nicht so, wie ich es verlassen hatte.*[125] Ein halbes Jahrhundert
später erst, 1962, sollte er seine Heimatstadt und Rußland wiedersehen.

Da nach Kriegsausbruch *nur noch geringe Geldbeträge aus Rußland
geschickt werden durften*[126] und Diaghilew *mir in jenen Kriegsjahren auch
nichts zahlen*[127] konnte, wurden Strawinskys finanzielle Verhältnisse et-

was beengt. Ein armer Mann war er anscheinend trotzdem noch nicht. Prekär wurde die Situation nach der Oktoberrevolution, als der Geldfluß ganz versiegte. Hinzu kam, daß Strawinsky über keine Einkünfte aus Tantiemen mehr verfügte, zunächst der politischen Lage wegen. Auch später, und für lange Zeit, war er als Exilrusse infolge der geltenden Urheberrechtsgesetze erheblich benachteiligt. Nicolas Nakobov schreibt: «Wäre Strawinsky als Franzose, Engländer oder Amerikaner zur Welt gekommen, wäre er schon längst Millionär, allein durch die *Berceuse* aus dem *Feuervogel*», die in den dreißiger Jahren in einer Schlagerfassung durch alle Tanzkapellen der Welt ging. «Statt dessen verbrachte er den größten Teil seines Lebens in einem Zustand wirtschaftlicher Ungesichertheit, ständig auf der Suche nach Aufträgen (...) Erst im hohen Alter festigte sich seine wirtschaftliche Lage, ja, er gelangte sogar zu einem gewissen Wohlstand. Dann aber kam die Regierung mit den Steuern und ‹fraß jede dritte seiner Noten›. Kein Wunder also, daß Strawinsky in jenen weit zurückliegenden Jahren in Clarens eine tiefwurzelnde Besorgtheit in geldlichen Dingen entwickelte.»[128]

Da ich mich nach der Kriegserklärung auf das Gebiet der Schweiz beschränkt sah, bildete ich mir dort einen kleinen Kreis von Freunden[129]; es sind vor allem Ernest Ansermet, der Maler René Auberjonois, die Dichter Charles Ferdinand Ramuz und Charles-Albert Cingria. Ansermet und Strawinsky hatten sich 1912 in Montreux kennengelernt, wo Ansermet das Kurorchester dirigierte. *Ich befreundete mich bald mit ihm, und ich entsinne mich, daß er mir auf einer seiner Proben vorschlug, den Taktstock in die Hand zu nehmen, um mit dem Orchester meine 1. Symphonie [Esdur] durchzunehmen, die er, wie ich glaube, damals auf das Programm seiner Konzerte gesetzt hatte. Das war mein erster Versuch als Orchesterdirigent.*[130] Ansermet, der 1915 als Nachfolger von Pierre Monteux musikalischer Leiter der «Ballets russes» wurde, brachte mehrere Kompositionen Strawinskys zur Uraufführung und setzte sich engagiert für sein Werk ein. Strawinsky seinerseits schätzte Ansermet außerordentlich. *Das wahre Können eines nachschaffenden Künstlers bemißt sich nach seiner Fähigkeit, das zu erkennen, was in einer Partitur wirklich steht, und nicht nach seiner Hartnäckigkeit, das zu suchen, von dem er möchte, daß es in ihr stände. Das erstere ist die größte und schönste Eigenschaft Ansermets. Das erkannte ich besonders, als wir gemeinsam die Partitur der «Histoire du soldat» durchgingen. Seitdem ist das geistige Band, das uns vereint, immer stärker und inniger geworden (...) Gerade das ist bei Ansermet so schätzenswert, daß er uns die Verwandtschaft zwischen der heutigen und der alten Musik mit rein musikalischen Mitteln aufzeigt. Er beherrscht völlig die Sprache der Tonkunst unserer Tage, und gleichzeitig hat er sehr viele Partituren der alten Klassiker gespielt. So kam er bald zu der Erkenntnis, daß die Komponisten aller Zeiten sich immer wieder vor die Lösung von Problemen gestellt sahen, die in erster Linie musikalischer Natur sind. Dar-*

In Leysin (Schweiz), 1914

aus erklärt sich sein lebendiger Kontakt mit Werken der Tonkunst, die aus den verschiedensten Epochen stammen. [131] Strawinsky beschwört damit, es ist nicht zu überhören, eine künstlerische Wahlverwandtschaft. Und doch sollte diese Freundschaft eine Trübung erfahren: erstmals 1937, als Ansermet Kürzungen in *Jeu de cartes* erzwingen wollte, später aus Gründen, die mit Ansermets ästhetischer und mathematisch-musikalischer Anschauung zusammenhängen. (Ansermet lehnte die Zwölftonmusik entschieden ab und konnte nicht verstehen, warum Strawinsky sich in den fünfziger Jahren lebhaft dafür interessierte.)

Romain Rolland hatte sich bei Kriegsausbruch schriftlich an Strawinsky gewandt, um ihn *um einen Beitrag für sein Buch zur Anprangerung der deutschen «Barbarei» zu bitten. Ich gab ihm folgende Antwort: «Mon cher confrère, ich beeile mich, Ihre Aufforderung zu einem Protest gegen die Barbarei der deutschen Armeen zu beantworten. Aber ist ‹Barbarei› der rechte Ausdruck? Was ist ein Barbar? Es scheint mir, daß er nach dem Sinn des Wortes zu einer Auffassung von Kultur neigt, die neu oder auf jeden Fall von der unsrigen verschieden ist, und wenn auch diese Kultur der unsrigen gänzlich fremd oder ihr entgegengesetzt wäre, so streiten wir ihr doch*

Léonide Massine, Natalia Gontscharowa, Strawinsky, Michail Larionow, Léon Bakst. Ouchy, 1915

nicht um dessentwillen ihren Wert ab oder sogar die Möglichkeit, daß dieser Wert größer als der unserer eigenen sein könnte. Aber das heutige Deutschland kann man nicht als die Äußerung einer ‹neuen Kultur› ansehen. Deutschland als Land gehört zur Alten Welt, und die Kultur des Landes ist so alt wie die der anderen Nationen Westeuropas. Eine Nation indessen, die in Friedenszeiten eine Reihe von Denkmälern wie die Siegesallee in Berlin errichtet und die in Kriegszeiten ihre Armeen ausschickt, um eine Stadt wie Löwen und eine Kathedrale wie die von Reims zu zerstören, ist weder barbarisch im eigentlichen Sinn des Wortes noch zivilisiert in irgendeinem Sinne ...» (Doch weder politische Bedenken noch seine notorisch antideutsche Einstellung hinderten Strawinsky später daran, im Dritten Reich aufzutreten – daß dies nur ein einziges Mal der Fall war, 1936, lag nicht an Strawinskys Zurückhaltung. Die konsequente politische Moral eines Arthur Rubinstein war Strawinskys Sache nicht.) *Kurz nachdem ich ihm diesen Brief geschickt hatte, machte ich seine* [Rollands] *persönliche Bekanntschaft, und zwar ausgerechnet auf einem Touristendampfer des Vierwaldstätter Sees (...) Ich stand sofort unter dem Eindruck seines persönlichen Charmes und seiner geistigen Redlichkeit, und obwohl seine literarischen Werke – «Jean-Christophe» und «Beethoven le créateur» – genau auf das herauskommen, was ich am meisten verabscheue, haben diese Bücher meine Gefühle für den Menschen Rolland nicht beeinträchtigt.*[132] – 1917, bei einem Ferienaufenthalt in den Berner Alpen, kam es zur näheren Bekanntschaft mit einem anderen französischen Dichter, mit André Gide (Strawinsky sollte eine Schauspielmusik zu Gides Übersetzung von «Antonius und Cleopatra» schreiben); anderthalb Jahrzehnte später komponierte Strawinsky in engster Zusammenarbeit mit ihm *Perséphone*.

Die schönste Freundschaft in Strawinskys Schweizer Jahren, auch eine künstlerisch ungemein fruchtbare, war die mit dem waadtländischen Dichter Charles Ferdinand Ramuz. Ganz spontan, bei der ersten Begegnung schon – Ansermet war mit Strawinsky zu Ramuz gefahren –, entstand diese Freundschaft, der Ramuz später ein schönes literarisches Denkmal gesetzt hat. «Wir haben uns vor den Dingen und durch die Dinge kennengelernt. Wiederum entsinne ich mich überhaupt nicht, wovon wir gesprochen haben; woran ich mich jedoch sehr gut erinnere, das ist diese vollkommene, alles Weitere vorbereitende Übereinstimmung, zu der das hiesige Brot und der hiesige Wein den Anlaß gaben. So konnte ich zum Beispiel sofort sehen, daß du, Strawinsky, genau so wie ich, das Brot liebtest, wenn es gut ist, den Wein, wenn er gut ist, den Wein und das Brot zusammen, das eine um des andern willen, das eine durch das andere. Hier liegt der Ursprung deiner Persönlichkeit, und unmittelbar hier hat auch deine Kunst ihren Ausgang: das heißt, dein ganzes Ich; ich habe den Zugang zu dieser sogenannten inneren Bekanntschaft auf dem alleräußerlichsten, dem irdischsten aller Wege gefunden (...) Ich habe dich kennengelernt an deiner Art und durch dein Vergnügen, das ich dich an den

Ernest Ansermet

Dingen finden sah, und zwar an den ‹bescheidensten›, wie man sagt, und auf jeden Fall waren es die elementarsten Dinge (...) Einfacher gesagt, war das, was ich in dir wahrnahm, die Lebenslust und das Lebensgefühl, die Liebe zu allem Lebendigen; und daß alles Lebendige für dich von vornherein und rechtmäßig Musik ist. Deine Nahrung war die meine (...) Der Akademismus macht Umwege und Rückwege; du bist ein direkter Mensch (...) Du warst Musiker: du stelltest für mich Musik im Zustand der Geburt dar: du warst das, was ich im Gegensatz zur fertig gemachten Musik die Anti-Musik nannte in jenen kleinen Versen, die ich damals zum Spaß schrieb (und wir schrieben deren viele, du auf russisch, ich in meiner Sprache, die eine provinzielle Note hat, also eine nicht rein französische Sprache ist).»[133]

Bald setzte, als Strawinsky in Morges wohnte und Ramuz ebenfalls nahe Lausanne, eine intensive Zusammenarbeit ein. *Wir arbeiteten gemeinsam an der französischen Übersetzung der russischen Texte zu den «Pribaoutki», den «Berceuses du chat» und dem «Renard», von Les noces* und von russischen Liedern (*Souvenirs de mon enfance, Trois histoires pour enfants, Quatre chants russes*). Ramuz schrieb schließlich auch das Libretto zur *Histoire du soldat. Ich führte ihn in den besonderen Charakter und in die Feinheiten der russischen Sprache ein und wies ihn dabei auf die Schwierigkeiten hin, die der tonische Akzent bereitet. Sein Scharfsinn ebenso wie seine intuitive Auffassungsgabe entzückten mich.*[134] Und Ramuz: «Strawinsky las mir den russischen Text Vers für Vers vor und bemühte sich, jedesmal die Silben jedes Verses zu zählen, deren Anzahl ich am Rande meines Blattes verzeichnete; dann wurde eine Übersetzung davon gemacht, das heißt: Strawinsky übersetzte mir den Text Wort für Wort. Das war ein derart wörtliches Wort-für-Wort, daß es dadurch oft völlig unverständlich wurde, aber es führte zu glücklichen Funden von Bildern (keinen logischen), zu Begegnungen mit dem Ton, deren Frische um so größer war, als ihnen jeder (logische) Sinn fehlte. (Ich habe übrigens – in Parenthese – den Verdacht, daß auch im russischen Text diese

Charles Ferdinand Ramuz. Zeichnung von Strawinsky. Lausanne, 1917

Charles Ferdinand Ramuz und Strawinsky. Lavaux (Schweiz), 1928

Art Sinn kaum vorhanden war.) Ich notierte mein Wort-für-Wort; sodann kam die Frage der Längen (lange und kurze Silben), auch die Frage der Vokale (die eine Note wurde durch ein o bezeichnet, eine durch ein a, eine andere durch ein i); schließlich und über allen anderen Fragen stand die berühmte und unlösbare Frage nach dem Wortakzent und seinem Zusammenfallen oder Nichtzusammenfallen mit dem musikalischen Akzent. Ein allzu häufiges Zusammenfallen ist langweilig; es befriedigt nur unser Gefühl für Takt oder Versmaß. Es hätte auch in völligem Widerspruch zu der innersten Natur einer Musik gestanden, die mir abwechselnd entweder vorgesungen oder unter Paukenbegleitung auf dem Klavier vorgespielt wurde; gleichzeitig vorgesungen und vorgespielt, – und sie erreichte mich in ihrer lebendigen Materialität.»[135]

Von Strawinskys akribisch-luzider Arbeitsweise hat Ramuz eine berühmt gewordene Beschreibung gegeben: «Strawinskys Schreibtisch sah aus wie der Instrumententisch eines Chirurgen; mit der Ordnung, die der Chirurg hier walten läßt, schafft er sich eine neue Chance in seinem Kampf gegen den Tod. Auch der Künstler (auf seine eigene Art) kämpft gegen den Tod. Jede einzelne dieser Flaschen mit verschiedenfarbigen Tinten trug in ihrer vorschriftsmäßigen Rangordnung ihren kleinen Teil dazu bei, den Glauben an eine höhere Ordnung eindrucksvoll zu bestätigen. Ihre Nachbarn waren Radiergummis von verschiedener Art und verschiedener Form und funkelnde Stahlinstrumente aller Art: Lineale, Radiermesser, Federmesser, Reißfeder, ganz abgesehen von einem gewissen Instrument mit Röllchen, das dazu diente, die Linien des Notensystems zu ziehen, und das Strawinsky selbst erfunden hatte» (das berühmte «Strawigor»). «Hier herrschte eine erhellende Ordnung, weil sie selber nur der Widerschein einer inneren Klarheit war. Und diese Klarheit leuchtete auch durch all jene großen mit Schrift bedeckten Blätter hindurch, in einer noch vielfältigeren Form, die noch eindringlicher, noch endgültiger war durch das Auftreten der verschiedenen Tinten, der blauen, der grünen, der roten, der schwarzen Tinte: zwei Sorten schwarzer Tinte (gewöhnliche Tinte und chinesische Tusche), und jede hatte ihre besondere Bestimmung, ihre besondere Bedeutung und diente zu einem besonderen Zweck.» [136]

Auch für Diaghilew *waren jetzt, ebenso wie für mich, schwere Zeiten gekommen. Der Krieg hatte alle seine Pläne umgeworfen, der größte Teil seiner Truppe war in alle Winde zerstreut, und so sah er sich gezwungen, neue Kombinationen zu suchen, um seine Tätigkeit fortsetzen und selber existieren zu können.* [137] Als Diaghilew sich im Winter 1914/15 in Italien aufhielt – er bahnte erste Kontakte für eine Amerika-Tournee an –, verbrachte Strawinsky zwei Wochen bei ihm in Rom, wo er sich mit dem Diplomaten und begabten Dilettanten-Künstler Gerald Tyrwitt (dem späteren Lord Berners) anfreundete, Prokofjew wiedersah, der für Diaghilew sein Ballett «Le Chout» schrieb, und mit Alfredo Casella zusammenkam. Diaghilew drängte auf Fertigstellung von *Les noces*, an denen Strawinsky seit Herbst 1914 schrieb – als das Werk schließlich 1917 vorläufig (noch ohne die Instrumentation) beendet war, *weinte* Diaghilew *(es war sehr überraschend, diesen großen Mann weinen zu sehen) und sagte, nie zuvor habe er etwas gehört, das ihn derart gerührt* [138]. Ein weiterer Plan Diaghilews, nämlich ein Ballett «Liturgie» (*er wußte, daß das Schauspiel eines russischen Gottesdienstes in einem Pariser Theater außerordentlich erfolgreich sein würde; er besaß wundervolle Ikonen und Kostüme, die er zeigen wollte, und er plagte mich, die Musik zu schreiben* [139]), zu dem die Gontscharowa schon die Ausstattung entworfen hatte, stieß auf hartnäckige Abneigung bei Strawinsky, der *nicht mit der Idee einverstanden war, eine Messe als Ballettvorführung zu verwenden* [140].

Nach Gastspielen in Genf und Paris, wo Strawinsky erstmals öffentlich als Dirigent auftrat, Dezember 1915, brach Diaghilew, trotz der Kriegsgefahren, mit seinem Ensemble zu einer Tournee in die USA auf; auch Strawinsky war eingeladen, wollte aber, da er keinen Kontrakt besaß, nichts riskieren. *Ich blieb noch einige Tage in Paris, um einige meiner*

Freunde zu sehen, vor allem die Prinzessin Edmond de Polignac, die immer viel Sympathie für mich gezeigt hatte. Sie benutzte damals die Gelegenheit meines Aufenthalts, um sich mit mir über ein kleines Stück für Kammertheater zu besprechen, das sie nach Kriegsende bei sich zu Hause aufführen wollte und für das sie Strawinsky 2500 Schweizer Franken anbot. *Ich schlug ihr den «Renard» vor*, an dem Strawinsky schon seit Frühjahr 1915 arbeitete. *Der Gedanke gefiel ihr sehr.*[141] Die Prinzessin Edmond de Polignac, eine junge Amerikanerin aus der Industriellenfamilie Singer, *umfassend gebildet, ausgezeichnet als Musikerin, Malerin von unbezweifelbarem Talent, förderte und ermutigte immer wieder Kunst und Künstler*[142]; ihr Salon spielte im Paris jener Jahre eine Rolle, nicht zuletzt, weil sie mit feinem Verständnis Strömungen der Zeit wahrnahm. In ihren Memoiren schrieb sie später: «Zu dieser Zeit war es meine Absicht, verschiedene Komponisten aufzufordern, mir kurze Werke für ein kleines Orchester von etwa zwanzig Spielern zu schreiben. Mir schien, daß nach Richard Wagner und Richard Strauss die Zeit der großen Orchester vorüber

Strawinsky und die Prinzessin Edmond de Polignac. Venedig, 1925

sei und es reizvoll wäre, zu einem kleinen Orchester mit gut ausgewählten Spielern und Instrumenten zurückzukehren.»[143] (U. a. verdanken sich auch Saties «Socrate», de Fallas «Meister Pedros Puppenspiel» und Poulencs «Concert champêtre» Aufträgen der Prinzessin.) In Bezug auf *Renard* – und das sollte sich später bei der *Histoire du soldat* wiederholen – war Diaghilew, der stets alle Fäden in der Hand behalten wollte, sobald es um Bühnenwerke «seiner» Komponisten ging, *rasend vor Eifersucht (aber er war immer eifersüchtig – ich glaube, ich darf dies mit gutem Gewissen sagen, ich habe ihn sicherlich hinreichend gekannt, um es heute auszusprechen zu dürfen). Zwei Jahre lang hat er mir gegenüber «Renard» nie erwähnt (was ihn nicht hinderte, zu andern darüber zu reden: «Unser Igor, immer Geld, Geld, Geld, und wofür? Dieser Renard ist ein alter Fetzen, den er in der Schublade seiner Kleiderkommode fand»).*[144]

Trotzdem: *«Ich habe dich wie einen Bruder erwartet», das waren die ersten Worte, mit denen Diaghilew mich begrüßte*[145], als er im April 1916 aus Amerika zurückkehrte und Strawinsky ihm nach Spanien entgegengefahren war. *Der Leser wundert sich vielleicht, daß ich gar nicht von der volkstümlichen Musik der Spanier spreche*, resümiert Strawinsky in den *Chroniques* seine Eindrücke vom ersten Besuch der iberischen Halbinsel. *Ich will ihren besonderen Charakter nicht bestreiten, aber ich muß doch sagen, daß es für mich keine Offenbarung bedeutete, sie kennenzulernen. Das hinderte mich nicht, die Tavernen zu besuchen und ganze Abende damit hinzubringen, den präludierenden Akkorden des Guitarrespielers zu lauschen und der tiefen Stimme der Sängerin, die mit unerschöpflichem Atem die reichen Verzierungen ihrer langen arabischen Kantilene dahinrollen läßt.*[146] *Und angeregt durch das drollige und unerwartete musikalische Durcheinander der mechanischen Klaviere und Musikautomaten in den nächtlichen Straßen und kleinen Tavernen von Madrid, schrieb ich* nachher in der Schweiz *ein Stück für Pianola (Étude pour pianola). Später instrumentierte ich es, und unter dem Namen «Madrid» nahm ich es in meine «Quatre études pour orchestre» auf.*[147] (Eine virtuose Transkription des Stücks für zwei Klaviere – man erkennt die irre Phantastik des technisch unbegrenzten mechanischen Instruments deutlich wieder – hat Soulima Strawinsky angefertigt.)

Im Frühjahr 1917 fuhr Strawinsky zu Diaghilew nach Rom, um dort bei einem Gastspiel der Ballets russes zu dirigieren, u. a. eine szenische Produktion – kein Ballett – seiner Komposition *Feu d'artifice*, für die der futuristische Maler Giacomo Balla eine Folge abstrakter Lichtprojektionen konstruiert hatte. Strawinsky später dazu: *Ich hätte nicht einmal zu jener Zeit viel mehr davon sagen können, als daß es sich um einige Kleckse Farbe auf einem sonst leeren Hintergrund handelte. Ich entsinne mich, daß die Zuschauer eher verwirrt waren und daß es keinen Beifall gab, als Balla herauskam, um sich zu verneigen: das Publikum wußte nicht, wer er war, was er getan hatte und warum er sich verbeugte. Balla steckte daraufhin eine*

Hand in die Tasche und drückte dort auf eine Einrichtung, durch die sich sein Schmetterlingsschlips bewegte. Das machte Diaghilew und mich – wir saßen in einer Loge – unbändig lachen, aber das Auditorium blieb stumm.[148]

Strawinsky kam auch mit anderen futuristischen Künstlern zusammen, mit Umberto Boccioni und Carlo Carrà, mit Filippo Tommaso Marinetti, dem Haupt der Bewegung, mit den Komponisten Luigi Russolo und Balilla Pratella, die einige Jahre zuvor in ihren Manifesten eine revolutionäre «Musik der Geräusche» proklamiert hatten. Strawinsky konnte sie, besonders was ihre hybriden musikalischen Resultate betraf, nicht so recht ernst nehmen. In der Gesellschaft der Futuristen *habe ich einige der drolligsten Stunden meines Lebens verbracht*[149].

Tiefer beeindruckte Strawinsky die Begegnung mit Picasso in Rom. (Dort lernte Picasso übrigens seine spätere erste Frau kennen, Olga Koklowa, die Tänzerin bei den Ballets russes war.) *Ich war sofort eingenommen von seiner Wohnung, seiner nüchternen Art zu sprechen, seiner spanischen Manier, jede Silbe zu betonen.*[150] Die enge Verwandtschaft im künstlerischen Habitus – keiner, der über Strawinsky schreibt, versäumt es, auf die verblüffenden Parallelen zu Picasso hinzuweisen – wird Strawinsky, obschon er sich niemals darüber geäußert hat, kaum entgangen sein. *Wir reisten zusammen nach Neapel und verbrachten dort einige Wochen in ständigem Umgang. Wir waren beide tief beeindruckt von der Commedia dell'arte, die wir in einem überfüllten, von Knoblauch dampfenden kleinen Raum sahen. Der Pulcinella war ein großer betrunkener Tölpel, und jede seiner Bewegungen, wahrscheinlich auch jedes Wort, wenn ich es verstanden hätte, war obszön.* (Dieser pralle Theatereindruck ist eine Quelle für Strawinskys *Pulcinella*, zu dem Picasso dann die Ausstattung schuf.) *Sonst blieb mir von diesen Neapolitaner Ferien nur noch die Erinnerung daran, daß wir eines Nachts verhaftet wurden, weil wir an die Mauer der Galleria gepißt hatten. Ich bat den Polizisten, uns über die Straße zum Teatro San Carlo zu führen, damit dort jemand für uns bürgen könne. Als wir zu dritt hinter die Bühne marschierten, hörte er, wie man uns mit «maestri» ansprach, und er ließ uns laufen.*[151]

Von Neapel fuhr ich wieder nach Rom, wo ich eine reizende Woche bei Lord Berners verlebte. Dann kehrte ich in die Schweiz zurück. Ich werde niemals das Abenteuer vergessen, das mir begegnete, als ich bei Chiasso die Grenze überschreiten wollte. Picasso hatte mir in Rom ein Porträt geschenkt, das er von mir gemacht hatte, und diese Zeichnung hatte ich mitgenommen. Als auf der militärischen Überwachungsstelle meine Koffer revidiert wurden, fiel den Beamten das Blatt in die Hände. Um nichts in der Welt wollten sie es durchlassen[152], sie meinten einen geheimen militärischen Plan vor sich zu haben. (Angesichts der durchaus realistischen Zeichnung – sie ist dann über Lord Berners per Diplomatenpost wieder in Strawinskys Hände gelangt – ist diese Anekdote von grotesker Lächerlichkeit und allenfalls durch die Kriegshysterie zu erklären.)

Picasso und Strawinsky. Zeichnung von Jean Cocteau

1917 hatte Strawinsky den plötzlichen Tod seines geliebten alten Kindermädchens Bertha, das bei ihm in der Familie in Morges lebte, zu beklagen, und sein Bruder Gury starb an der Front.

Nach der Oktoberrevolution mit ihren einschneidenden finanziellen Folgen suchte Strawinsky zusammen mit seinen Freunden *fieberhaft nach einem Ausweg aus unserer beunruhigenden Lage. Ramuz und ich kamen schließlich auf die Idee, mit möglichst geringen Mitteln eine Art Wanderbühne zu gründen, die man leicht von Ort zu Ort schaffen und auch in ganz kleinen Lokalen vorführen kann.*[153] So entstand, mit finanzieller Unterstützung des Winterthurer Mäzens Werner Reinhart, die Idee zur *Histoire du soldat.* Nach der Premiere, September 1918 in Lausanne, *wollten wir mit unserem Wandertheater durch die Schweiz reisen, aber ach, wir hatten nicht mit der spanischen Grippe gerechnet, die sich damals über ganz Europa verbreitete. Auch uns schonte sie nicht. Einen nach dem andern ergriff sie, uns selbst, unsere Familien und schließlich auch die Agenten, die unsere Tournee vorbereiten sollten. So zerrannen unsere schönen Pläne in nichts.*

Familie Strawinsky: Igor, Catherine, Soulima (am Klavier), Théodore, Ludmilla und Strawinskys altes Kindermädchen Bertha Esser. Morges, 1915

Nach langer und deprimierender Krankheit nahm ich meine Arbeit wieder auf.[154] *Strawinsky arrangierte eine (zweite) Feuervogel-Suite, und zwar für kleines Orchester. Ich wollte dadurch den zahlreichen Musikgesellschaften die Aufführung erleichtern, die das Werk gerne öfter auf ihr Programm gesetzt hätten, sich aber immer wieder an den materiellen Schwierigkeiten stießen.*[155]

Im Herbst 1919 fanden mit Unterstützung Reinharts in Genf, Lausanne und Zürich einige Konzerte statt, in denen Strawinsky eine Reihe der Kompositionen seiner Schweizer Jahre – Lieder, Klaviermusik und Stücke in kleiner Besetzung – präsentierte. Das letzte Werk, das Strawinsky in der Schweiz komponierte, war *Pulcinella*. Es hatte im Mai 1920 an der Pariser Opéra Premiere; wenige Monate zuvor hatte Diaghilew dort *Le chant du rossignol* herausgebracht.

Da das tätige Leben nach dem Kriege in ganz Europa und besonders in Frankreich sich in intensivster Weise wieder zu regen begann, war es für mich klar, daß ich aus meiner Zurückgezogenheit, zu der mich der Krieg gezwungen hatte, heraustreten müsse. Ich beschloß also, meinen Wohnsitz nach Frankreich zu verlegen, wo damals der Puls der lebendigen Welt schlug (...) Das Datum dieses Ereignisses hat für mich eine große Bedeutung, denn es schließt eine ganze Periode meines Lebens ab.[156]

Neue Wege

Die rund fünfundzwanzig Kompositionen zwischen *Sacre* und *Pulcinella*, entstanden in den Schweizer Jahren von 1913 bis 1919, weisen unüberhörbar gemeinsame Züge auf. Auffallend ist zunächst die äußere Komprimierung, die Kürze der Stücke, und die Abkehr vom großen Orchesterapparat. (*Le rossignol* ist eine Ausnahme.) Die Hinwendung zu kleineren Ensembles hat zunächst einen praktischen Grund: Strawinsky, der nicht gern für die Schublade komponierte, konnte in den schwierigen Kriegsjahren kaum mit Aufführungsmöglichkeiten für größerbesetzte Werke rechnen. Neben traditionellen kleinen Besetzungen wie Streichquartett

Entwurf zu einem deutschsprachigen Brief an Bertha Esser:
Strawinsky lädt sie ein, in seiner Familie zu leben. 1914

(*Trois pièces* 1914, *Concertino* 1920), Klavier vierhändig (*Trois pièces faci-les* und *Cinq pièces faciles*), Gesang mit Klavierbegleitung begegnen ungewöhnliche Kombinationen (*Berceuses du chat*: Gesang und drei Klarinetten) und eine Reihe von «Miniaturorchestern» in verschiedenen Zusammenstellungen (*Pribaoutki, Renard, Ragtime*, in der *Histoire du soldat* schließlich das bloße Gerippe eines Orchesters).

Parallele Tendenzen finden sich einige Jahre früher bei Schönberg: auch hier die Knappheit in der äußeren Dimension («Orchesterstücke» op. 16, 1909; «Drei Stücke für Kammerorchester», 1910; «6 Klavierstücke» op. 19, 1911) und Versuche mit kammermusikalisch-solistischen Besetzungen («Herzgewächse», 1911; «Pierrot lunaire», 1912; und natürlich schon in der «Kammersymphonie für 15 Soloinstrumente», 1906). Extreme Kürze ist in der Wiener Schule in Weberns «Bagatellen» op. 9 von 1913 erreicht. Schönberg und Strawinsky werden sich dann später, Anfang der zwanziger Jahre, gleichzeitig wieder Werken in größerem Format zuwenden, und zwar beide im Zeichen eines – wie auch immer verschieden gearteten – Klassizismus. (In der französischen Musik, sieht man von Chabrier oder Satie ab, scheint die Vorliebe für das kurze Stück erst später und unter Strawinskys Einfluß hervorzutreten, etwa bei Milhaud in seinen frühen Miniatur-Symphonien und den «opéras minutes» von 1927.)

Der äußeren Komprimierung entspricht musikalische Konzentration. In ihrer harten und knappen, kompromißlosen Diktion, im fesselnden Widerspiel von simplen Materialien und komplexen Kombinationstechniken wirken diese Stücke Strawinskys ganz neuartig. Bei näherem Zusehen wird jedoch eine Kontinuität deutlich; in *Petruschka* und im *Sacre* sind bereits alle wesentlichen Momente der Werke nach dieser «Wende» von 1913 ausgeprägt: Ostinati, Polytonalität und Polyrhythmik, variative Verfahren im Umgang mit vorgegebenen oder erfundenen melodischen Materialien und rhythmischen Mustern. Neuartig freilich ist in den Kompositionen nach *Sacre* das lapidar Direkte, Unverhüllte, mit der diese Techniken exponiert werden, und die geschliffene Härte der Tonsprache, die damit entsteht. Dieser Prozeß der «Skelettierung» und Radikalisierung, des Verzichts auf die verbindliche Umhüllung mit dem Fleisch des «Ausdrucks» – Merkmale, die dann in weiten Bereichen der Musik der zwanziger Jahre auch bei anderen Komponisten eine Rolle spielen werden – war übrigens in der Musik von Erik Satie schon früh ausgeprägt, wie in vielen Werken Strawinskys verbunden mit scharfem Witz, mit Persiflage, ironischer Karikatur.

Im 1. Satz der *Trois pièces* etwa hat die erste Violine ein Thema russischen Charakters, eine aus nur vier Noten gebildete motorisch obstinate Tanzweise; die zweite Violine setzt dazu ein gleichfalls aus einer Viertonskala bestehendes Motiv, aber in harter Dissonanz und in irregulären Abständen gegenüber der Gliederung des Themas; Cello und Bratsche fügen einen Taktostinato hinzu, abgeleitet aus einer primitiven, folkloristischen

Von Geld ist die Rede, von wem noch?

«Weniger als 200 Francs …

… wäre nicht angemessen, Sie dürfen aber mehr geben.» Geldforderungen solcher Art erhielt der junge Musiker in Paris zuhauf. Man wußte ja, daß er in den besten Kreisen verkehrte und große Damen zu seinen Schülerinnen zählten. Täglich gab er vier Stunden Klavierunterricht, zum horrenden Preis von 20 Goldfrancs die Stunde.

Er, der als Habenichts nach Paris gekommen war, bewohnte nun eine so geschmackvoll wie teuer eingerichtete Wohnung und kleidete sich als Élégant. Bald reichten die Einnahmen nicht mehr. «Ich muß jetzt fünf Stunden täglich geben. Du glaubst wohl, daß ich damit ein Vermögen verdiene, aber ein eigener Wagen und weiße Handschuhe, die unbedingt zum guten Ton gehören, strapazieren meine Mittel doch einigermaßen.»

Die Eltern in der fernen Heimat waren stolz – und besorgt: «Ich spreche ganz offen mit Dir, mein Kind: lege, wenn möglich, ein paar Groschen beiseite, das ist heutzutage unbedingt nötig», schrieb ihm der Vater, und: «Lege Dein Geld in Wertpapieren an, die Du, wann immer Du willst, verkaufen kannst.»

Aber der Sohn lebte weiter in Saus und Braus. Einmal gab er, gemeinsam mit seiner Gefährtin, in wenigen Wochen 5000 Goldfrancs aus, auf der Insel Mallorca. Noch erlaubten ihm die Einnahmen aus Unterricht und dem Verkauf von Kompositionen ein großes Leben. Die dritte Geldquelle großer Virtuosen, die öffentlichen Konzerte, schöpfte er nur ungern aus. Lampenfieber machte ihm die Tage vor Auftritten zur Qual. So gab er in den achtzehn Jahren seines Lebens in Paris nur neunzehn Konzerte, das letzte acht Tage vor dem Sturz von Louis-Philippe. Von wem war die Rede?

(Alphabetische Lösung: 3-8-15-16-9-14)

Pfandbrief und Kommunalobligation

Meistgekaufte deutsche Wertpapiere - hoher Zinsertrag - bei allen Banken und Sparkassen

Verbriefte Sicherheit

Begleitfigur, aber die in dieser Schicht etablierte Taktordnung steht quer zum rhythmischen Schema der Melodie. Mit einfachsten Mitteln wird eine komplexe Struktur errichtet, eine Übereinanderschichtung von drei metrisch-rhythmischen und zwei tonalen Ebenen. Aus folklore-ähnlichen Materialien entsteht keineswegs Nachahmung von Folklore, vielmehr eine Konstruktion, in der die Willkür des Verfahrens des Neuzusammensetzens separater Elemente pointiert wird.

Ähnliche Konstruktionsmodelle ließen sich an anderen Kompositionen aus dieser Zeit aufzeigen, in *Les noces* ebenso wie in der *Geschichte vom Soldaten* oder in den leichten vierhändigen Klavierstücken. Die Klavierstücke zeigen besonders schön – und drastisch deutlich auch in der Anekdote, wie Diaghilew sich auf den Arm genommen glaubte, als er zunächst nur mit dem herausfordernd primitiven und diatonisch leichten Part konfrontiert wurde – das Prinzip des Hinzufügens einer kontrastierenden, tonal und rhythmisch dissonanten Schicht, des eigentlichen *Gewichts der Komposition*[157], zu absichtlich einfachen Elementen. In dieser Technik des harten Zusammenfügens vor allem besteht eine Kontinuität vom *Petruschka* über die Werke der Kriegszeit bis zur Neoklassik; die drastischen Unterschiede in den Ausgangsmaterialien – ob sie russischen Charakters sind oder von Pergolesi stammen, dem Jazz nachempfunden sind oder der europäischen Klassik – haben demgegenüber ein vergleichsweise geringes Gewicht.

Strawinskys Verfahren, vorhandenes Material umzuformen, hat ihm bei seinen Kritikern immer wieder den Vorwurf der Einfallslosigkeit eingetragen, und dies keineswegs nur in Deutschland, der traditionellen Heimat einer «Ausdrucksästhetik». Eine der wütendsten Tiraden gegen Strawinsky brachte der Franzose Antoine Goléa in seinem Buch über neue Musik (1954) vor. «Strawinsky fand von dem Tage an, an dem er seine russischen Wurzeln aufgab, nichts, vor dem er Ehrfurcht hatte, nichts, das er liebte. Er zog daher alle Modelle, an denen er sich inspirierte, ins Lächerliche; ihr menschlicher und ausdruckshafter Wert entging ihm völlig (...) Unfähig, etwas zu schaffen, war er ebenso unfähig, die Ausdruckskraft der Meisterwerke der Vergangenheit mitzuempfinden und demütig nachzuahmen (...) Das ist das Geschwür, das seit *Pulcinella* das ganze Schaffen Strawinskys zerfrißt: das Unvermögen, sich auszudrücken.» Der Autor bemüht sich sogar um eine psychologische Erklärung für die angebliche «Rückwärtsbewegung» Strawinskys seit 1917: ein Heimatloser, ein «Entwurzelter», ein «alter, bis in seine Seele todtrauriger Spaßmacher», habe Strawinsky in Wahrheit «Angst» vor der Gegenwart gehabt und diese hinter der «grinsenden Maske» von Zynismus und Scharlatanerie zu verstecken gesucht.[158] (Daß solche «Psychologie» – die diesen Namen nicht verdient – bloß die Funktion hat, negative moralische Werturteile abzustützen, ist für jeden evident, der Strawinskys Persönlichkeit auch nur etwas kennt.)

In Wahrheit stehen sich hier verschiedene ästhetische Grundanschauungen gegenüber: auf der einen Seite die aus der romantischen Tradition stammende Gefühls- und Ausdrucksästhetik (der beispielsweise auch noch Schönberg sein Leben lang verpflichtet war), für die Originalität der melodischen Erfindung ein zentrales Kriterium darstellt. (Im Insistieren auf der zentralen Rolle der Melodie zeigt sich übrigens die enge Verbindung zum Musikdenken des 19. Jahrhunderts.) Auf der anderen Seite steht die Ästhetik der «Verfremdung», die zum ersten Mal von der Literaturtheorie der russischen Formalisten (Viktor Šklovskij und andere, seit 1916) expliziert wurde: die Erkenntnis, daß es in der Kunst vor allem darauf ankomme, ein «erschwerendes» Verfahren zu entwickeln, mit dem der «Automatismus der Wahrnehmung»[159], den traditioneller Gebrauch von Sprache etabliert hat, durchbrochen werden könne. «Die ganze Arbeit dichterischer Schulen läuft hinaus auf das Anhäufen und Kundtun neuer Verfahren der Anordnung und Bearbeitung von Wortmaterialien, und zwar bei weitem mehr auf die Neuanordnung als auf die Erfindung von Bildern.»[160] (Man kann verdeutlichen: Die «Neuanordnung», also die artifizielle Verfremdung, ist Erfindung in der Kunst.) «Jedes Kunstwerk wird geschaffen als Parallele und Gegensatz zu einem vorhandenen Muster. Eine neue Form entsteht nicht, um einen neuen Inhalt auszudrücken, sondern um eine alte Form abzulösen, die ihren Charakter als künstlerische Form bereits verloren hat.»[161] (Man denke in diesem Zusammenhang an die so oft mißverstandene, wenn nicht maliziös interpretierte Abneigung Strawinskys gegen die Vorherrschaft von «Ausdrucks-» und «Inhalts»-denken in der Musik.) Was Šklovskij am Schluß seines bahnbrechenden Aufsatzes «Kunst als Verfahren» (1916) über Rhythmus in der Dichtung geschrieben hat, liest sich mutatis mutandis wie ein Kommentar zu Werken Strawinskys seit den *Trois pièces* (1914): «In der Kunst gibt es zwar *ordre*, aber nicht eine einzige Säule eines griechischen Tempels führt die *ordre* genau aus, und der künstlerische Rhythmus besteht aus dem prosaischen – gestörten – Rhythmus (...) Es geht nicht um den komplizierten Rhythmus, sondern um die Störung des Rhythmus, und dazu um eine Störung, die man nicht vorausbestimmen kann; wenn diese Störung in den Kanon eingeht, dann verliert sie ihre Wirkung als erschwerendes Verfahren.»[162] Die «Störung» des Rhythmus, die durch ständige Eingriffe bewirkte Unvorhersehbarkeit, ist eins der Hauptmerkmale, die etwa *Les noces* von den epigonalen Werken Carl Orffs in der Art der «Carmina Burana» (1937) unterscheiden, bei denen jeder sozusagen gleich mitsingen kann – ein wiederhergestellter «Automatismus der Wahrnehmung» ist bei Orff entstanden, der nach Šklovskijs Begriff mit Kunstlosigkeit gleichzusetzen ist. Die formalistische Literaturtheorie war Strawinsky anscheinend nicht bekannt (in seinen Mitteilungen jedenfalls findet sich kein Hinweis darauf), die zeitliche Parallele aber ist immerhin bemerkenswert und die Tatsache, daß Strawinsky die Technik der Verfremdung, wenn auch wohl – wie erwähnt – unter Einfluß gewisser Tendenzen in der französischen Musik, zunächst an musikalischen Modellen russischer Provenienz ausarbeitete.

Ein persönliches Moment spielt dabei sicher eine Rolle: die tiefe innere Trauer, die Strawinsky, der sich sein Leben lang als Russe fühlte – ihn als zynischen «Entwurzelten» zu bezeichnen ist, ist blanker Zynismus –, über den äußeren Verlust seiner Heimat seit 1914 trug. Wie in angestrengter Trauerarbeit entstand gerade in den ersten Jahren nach 1914 eine ganze Anzahl von Werken, die so «russisch» sind, daß, wie Strawinsky später über *Renard* und *Les noces* meinte, der Nichtrusse im Grunde kaum einen Zugang zu ihnen finden kann.

Die Kriegsnachrichten bewegten mich sehr, sie erregten mein patriotisches Gefühl, und ich war traurig, so fern meiner Heimat zu sein. Nur die Freude, die es mir machte, mich in die Lektüre der russischen Volkspoesie zu versenken, brachte mir damals hin und wieder Vergessen.[163] *Die russischen Volkslieder übten auf mich einen verlockenden Reiz aus, und die Anregungen, die ich aus ihnen zog, waren noch lang nicht erschöpft. «Renard» ebenso wie «Les noces» und die bereits erwähnten Vokalwerke – Pribaoutki, Berceuses du chat und andere – haben ihren Ursprung in dieser Volkskunst, und ganze Seiten dieser Musik sind über Originaltexte komponiert.*[164] *Diese Verse hatten etwas Verführerisches für mich, nicht so sehr durch den anekdotischen Inhalt, der häufig derb ist, auch nicht durch ihre Bilder oder ihre Metaphern, trotz der bezaubernden Frische, die diese haben, sondern vielmehr durch die Verknüpfung der Worte und Silben, die Kadenz, die dabei entsteht und die unsere Empfindung fast ebenso anrührt wie Musik*[165]: der Sprachklang also, die Intonation, und der poetische Rhythmus. Scheinbar unvermittelt – man ist zunächst geneigt, diesen Einschub apologetisch zu interpretieren, als Definition der «neoklassischen» Haltung der *Chroniques* – fügt Strawinsky an dieser Stelle eine ästhetische These an: *Denn ich bin der Ansicht*, fährt der Text fort, *daß die Musik ihrem Wesen nach unfähig ist, irgendetwas «auszudrücken», was es auch sein möge: ein Gefühl, eine Haltung, einen psychologischen Zustand, ein Naturphänomen oder was immer sonst. Der «Ausdruck» ist nie eine immanente Eigenschaft der Musik gewesen, und auf keine Weise ist ihre Daseinsberechtigung vom «Ausdruck» abhängig. Wenn, wie es fast immer der Fall ist, die Musik etwas auszudrücken scheint, so ist dies Illusion und nicht Wirklichkeit (...) Kurz, es ist ein Kleid, das wir aus Gewohnheit oder mangelnder Einsicht allmählich mit dem Wesen verwechseln, dem wir es übergezogen haben.* Genau besehen, entspricht jedoch diese These ebenso dem Formalismus – die gewohnheitsmäßige Verbindung von Musik mit Ausdruck sei nichts anderes als ein Automatismus – wie Strawinskys primäre Auffassung der Poesie als *Verknüpfung von Worten und Silben. Die Musik ist der einzige Bereich, in dem der Mensch die Gegenwart realisiert.* Das ist in diesem Zusammenhang keine triviale Feststellung, sondern ein ästhetisches Programm: Realisierung der Gegenwart, des Lebens sucht Strawinsky zu erreichen mit seinem Verfahren, Musik zu erfinden. Šklovskij schrieb 1916: «Und gerade, um das Empfinden des Lebens wiederherzustellen, um die Dinge zu fühlen, um den Stein steinern zu machen, existiert das, was man Kunst nennt. Ziel der Kunst ist es, ein Empfinden des Gegenstandes zu vermitteln, als Sehen, und nicht als Wiedererkennen; das ‹Verfahren der Kunst ist das Verfahren der ‹Verfremdung› der Dinge und das Verfahren der erschwerten Form, ein Verfahren, das die Schwierigkeit und Länge der Wahrnehmung steigert, denn der Wahrnehmungsprozeß ist in der Kunst Selbstzweck und muß verlängert werden; die Kunst ist ein Mittel, das Machen einer Sache zu erleben; das Gemachte hingegen ist in der Kunst unwichtig.»[166]

Ähnlich wie Strawinsky Texte aus Volksliedsammlungen auswählte und *auf die Kompositionen verteilte*[167], verfuhr er auch mit musikalischen Materialien, mit einzelnen, in der Mehrzahl erfundenen – nicht übernommenen – thematischen Fragmenten. *Im Frühjahr 1914 begannen sich meine Notizbücher mit Aufzeichnungen von Melodien zu füllen, für «Renard», «Les noces» und für die «Trois pièces für Streichquartett».*[168] Nicht Nachahmung von Folklore sollte entstehen, sondern Neukonstruktion. *Im «Renard» habe ich bewußt überhaupt keine volkstümlichen Melodien verwendet, und in «Les noces» ist nur ein Thema aus einer Vorlage abgeleitet.*[169] *Ich habe in keinem meiner russischen Lieder – «Pribaoutki», «Quatre chants russes», «Berceuses du chat» – Anleihen an Volkslieder gemacht, und wenn das eine oder andere doch so klingt, so wohl nur deshalb, weil beim schöpferischen Vorgang irgendwelche im Unterbewußtsein schlummernden Erinnerungen angerührt wurden; aber in jedem dieser Fälle wurde die Musik durch die Worte und Silben des Textes bestimmt.*[170]

«Die Folklore», schreibt Théodore Strawinsky über seinen Vater, «war für ihn immer nur ein Material wie jedes andere, von dem er beliebig Gebrauch macht.»[171] Zur selben Zeit, in der er sich intensiv mit russischen Modellen beschäftigt, beginnt Strawinsky auch die europäische Musik heranzuziehen, zunächst die «niedere» – Alltagsmusik und Jazz –, wenige Jahre später die tradierte Kunstmusik. Im europäischen Schicksalsjahr 1914 beginnt sich Strawinskys «kosmopolitische» Haltung zu formieren, die seine Kritiker, vielleicht auch aus versteckt chauvinistischer Ranküne heraus, ihm immer wieder vorgeworfen haben.

In den *Leichten Stücken* für Klavier vierhändig (1915–17) sind acht verschiedene Musiktypen konstruktiv verarbeitet (grundsätzlich in der gleichen Weise wie der russische Typus in den entsprechenden Kompositionen): Alltagsmusik von Caféhaus und Straße und Reminiszenzen an spanische und neapolitanische Klangcharaktere, angeregt durch die Reisen des Jahres 1917.

Eine ganze Reihe verschiedener Modelle verwendete Strawinsky für die *Histoire du soldat,* mit einer Ausnahme durchweg der Sphäre niederer Musik entnommen (man denke an Ernst Blochs Wort über die *Histoire:* «ein Muster guter Musik aus Abfall, Traum und Lumpen») – einen Marsch mit *einer «amerikanischen» Posaunenmelodie, einen spanischen «pasodoble» (Marche royale),* Tango und *«französischen» Walzer, einen deutschprotestantischen Hochzeitschoral.*[172] Und nicht zuletzt den Jazz. *Meine Wahl der Instrumente war von einem sehr wichtigen Ereignis meines damaligen Lebens beeinflußt: der Entdeckung des amerikanischen Jazz (...) Das Ensemble der «Histoire» ähnelt der Jazzband insofern, als jede Instrumentenkategorie – Streicher, Holz, Blech, Schlagzeug – jeweils in Diskant- und in Baßlage vertreten ist. Auch sind die Instrumente selbst echte Jazzinstrumente, außer dem Fagott, das mein Ersatz für das Saxophon ist (...) Auch der Schlagzeugpart muß als Manifestation meiner Begeisterung für Jazz angesehen werden. Ich kaufte die Instrumente bei einem Händler in Lausanne und lernte sie während des Komponierens selbst spielen (...) Meine Kenntnis des Jazz stammt ausschließlich aus Noten («sheet music»)* – die ihm Ernest Ansermet von einer Amerika-Tournee mitgebracht hatte –, *und da ich nie die tatsächlich gespielte Musik gehört hatte, übernahm ich ihren rhythmischen Stil nicht wie er aufgeführt wird, sondern wie er geschrieben wird.*[173] *Diese Stücke vor mir, komponierte ich den «Ragtime» in der «Histoire», und, nach der «Histoire», den «Ragtime für elf Instrumente» (...) Ich komponierte den «Ragtime» auf dem Cymbal* (auch im Orchester des *Renard* spielt dieses Instrument eine wichtige Rolle), *und das ganze Ensemble ist um den bordellklavier-ähnlichen Klang dieses Instruments gruppiert.*[174] *Jazz bedeutete jedenfalls einen ganz neuen Klang in meiner Musik, und die «Histoire» markiert den endgültigen Bruch mit der Schule des russischen Orchesterklangs.*[175]

1919 entstand die *Piano-Rag Music: Ich hatte an Arthur Rubinstein gedacht, an seine behenden Finger, die kräftig und geschickt zugleich sind (...) nur daß ich diesmal die schlagzeugähnlichen Möglichkeiten des Klaviers ausnutzte. Daran begeisterte mich vor allem, daß die verschiedenen rhythmischen Episoden des Stücks mir von den Fingern selbst geradezu diktiert wurden, und weil meine Finger solchen Spaß daran hatten, habe ich das Stück geschrieben (...) Man soll die Finger nicht verachten, sie geben uns viele Anregungen, und im Kontakt mit dem klingenden Instrument erwecken sie Ideen, die im Unterbewußtsein schlummern und sonst verborgen blieben.*[176]

Als eine Art vokales Gegenstück zum *Sacre* war bei Strawinsky die Idee einer Ballettkantate über das Sujet einer russischen Bauernhochzeit bereits 1912 aufgetaucht, mitten in der Arbeit am *Sacre.* Bei der Textzusammenstellung für *Les noces* (aus der Volksliedanthologie von Kireiewsky) ging es Strawinsky dezidiert darum, individuellen Ausdruck und Dramatisierung im herkömmlichen Sinn zu vermeiden. *Als meine Konzeption*

«Les noces»: aus der Fassung mit Pianola, 1919

sich entwickelte, sah ich, daß sie nicht auf die Dramatisierung einer Hoch-
zeitszeremonie hinauslief oder auf die Begleitung eines Hochzeitsschau-
spiels mit deskriptiver Musik. Stattdessen wünschte ich, Materialien wirkli-
cher Hochzeitszeremonien durch direkte Zitate volkstümlicher, d. h. nicht-
literarischer Verse (...), durch typische Redewendungen (...), durch eine
Sammlung von Klischees wiederzugeben.[177] (Später verglich Strawinsky
das Textkonzept von Les noces mit Joyces «Ulysses»: *Beide Werke wollen*

eher darbieten als beschreiben.[178]) Das Arrangement floskelhafter, typischer Wendungen, die präsentiert werden ohne deskriptiv-darstellende Funktion, ohne das Rückgrat dramatischen Ausdrucks, ist ein genaues Pendant zu Strawinskys Technik der Verarbeitung floskelhafter musikalischer Elemente. Das Prinzip dieses Arrangements ist Umordnung, willkürliche Erfindung, Verfremdung im formalistischen Sinne, nicht Nachahmung. *Es kam mir nicht darauf an, die Gebräuche einer ländlichen Hochzeit genau nachzuzeichnen; ich hatte keinerlei Vorliebe für ethnographische Fragen. Ich wollte vielmehr selber eine Art szenischer Zeremonie erfinden, und ich bediente mich dabei ritueller Elemente aus jenen Gebräuchen, die in Rußland seit Jahrhunderten bei ländlichen Hochzeiten üblich sind. Diese Elemente jedoch dienten mir nur als Anregung, ich bewahrte mir durchaus die Freiheit, sie so zu verwenden, wie es mir paßte.*[179] Bestandteil dieses Prinzips willkürlicher Anordnung ist ferner die Trennung der Sänger (vier Solisten und Chor) von den Darstellern (Tänzern), eine Trennung auch im funktionalen Sinn; denn die Sologesangspartien repräsentieren keine bestimmten Rollenfiguren der Handlung. *Individuelle Rollen gibt es in «Les noces» nicht, nur Solisten, die hier den einen Rollentyp verkörpern und dort einen anderen.*[180] (Auch in *Renard* und in *Pulcinella* ist Strawinsky so verfahren.)

Die Musik von *Les noces* war 1917 im Klavierauszug fertiggestellt. An der Instrumentierung hat Strawinsky jahrelang experimentiert: er skizzierte das erste Bild für großes Orchester à la *Sacre* und plante, es in Gruppen auf der Bühne zu verteilen; dann schrieb er die beiden ersten Bilder für eine Kombination mechanischer Klaviere mit natürlichen Instrumenten. 1921 schließlich *erkannte ich plötzlich, daß ein Orchester von vier Klavieren alle meine Bedingungen erfüllen würde: es wäre gleichzeitig vollkommen homogen, vollkommen unpersönlich und vollkommen mechanisch*[181].

Nach Strawinskys Vorstellungen sollte auch die szenische Darbietung das Verfremdungsprinzip von *Les noces* auf radikale Weise unterstreichen, ähnlich wie es mittlerweile (1918) bei der Inszenierung der *Geschichte vom Soldaten* erprobt worden war. *Das Orchester sollte auf der Bühne spielen, und nur der restliche Raum sollte den Schauspielern vorbehalten bleiben. Daß die Bühnenkünstler russische Kostüme getragen hätten, während die Musiker im Frack erschienen wären, hätte mich nicht im geringsten gestört, im Gegenteil, das hätte genau meinem Plan des «Divertissements» entsprochen: es hätte wie eine Art Maskerade gewirkt.*[182] Obwohl Diaghilew sich diesen Plänen widersetzte, entsprach die Choreographie der Nijinska *in Blöcken und Massen*[183] dann doch weitgehend Strawinskys Konzeption des *Ritualistischen und Unpersönlichen (...) Individuelle Rollen traten nicht hervor, konnten nicht hervortreten. Der Vorhang wurde nicht benutzt, und die Tänzer verließen die Bühne nicht einmal bei der Klage der beiden Mütter, dem Klageritual, das eigentlich eine leere Bühne voraussetzte; alle Veränderungen der Szenerie (...) werden allein durch die Musik bewirkt.*[184]

Auch *Renard* (mit dem Untertitel *Histoire burlesque chantée et jouée*) ist, wie *Les noces*, erklärtermaßen ein Gegenentwurf zum musikalischen Illusionstheater. *Die Inszenierung plante ich selbst, stets in der Überlegung, daß «Renard» nicht mit Oper verwechselt werden sollte. Die Schauspieler sollen tänzerische Akrobaten sein und die Sänger sind nicht mit deren Rollen gleichzusetzen; das Verhältnis zwischen den Gesangspartien und den Rollenfiguren auf der Bühne ist dasselbe wie in «Les noces»; gleichfalls wie in «Les noces» sollten die musikalischen und die darstellenden Ausführenden alle gleichzeitig auf der Bühne sein, die Sänger inmitten des instrumentalen Ensembles.*[185] Die erste Aufführung des *Renard* (Paris 1922) *war in musikalischer Hinsicht – Ansermet dirigierte ihn – und auch im Szenischen – die Dekorationen und Kostüme waren eine der schönsten Schöpfungen von Larionow – wirklich vollendet, und es schmerzt mich noch heute, daß er in dieser Form niemals wieder auf der Bühne erschienen ist. Die Nijinska hatte den Geist dieses kurzen Possenspiels bewundernswert erfaßt. Ihre Inszenierung strotzte vor Einfällen, war voller Witz und Satire und übte eine unwiderstehliche Wirkung aus. Sie selbst spielte den Renard und schuf mit dieser Rolle eine unvergeßliche Gestalt.*[186]

Die «Histoire du soldat» bleibt mein einziges Bühnenwerk mit aktuellen Bezügen.[187] Aus mehreren russischen volkstümlichen Geschichten vom armen Soldaten, den der zuerst überlistete Teufel schließlich doch holt, skizzierte Strawinsky das Libretto, das seine endgültige Gestalt dann in der Zusammenarbeit mit Ramuz annahm. *Meine ursprüngliche Idee war, Epoche und Stil unseres Stückes in jede Zeit und ins Jahr 1918 zu verlegen, in viele Nationalitäten und in keine, ohne dabei den religiös-kultischen Status des Teufels zu zerstören.*[188] So wurde bei der ersten Inszenierung eine historische Kostümierung für den Teufel mit der zeitgenössischen Schweizer Soldatenuniform zusammengestellt. Ein Stück für zwei Schauspieler (Soldat und Teufel), zwei Tänzer (Tanzszenen des Teufels – so in der ersten Aufführung von der Sprechrolle des Teufels getrennt – und Prinzessin) und einen Rezitator, der die größte Textpartie hat: er erzählt die Geschichte, zum Teil auch in Dialogen der dargestellten sowie imaginärer Figuren, greift am dramatischen Knotenpunkt auch direkt ins Spiel ein.

Der verfremdenden Aufbrechung der Spielhandlung in mehrere Ebenen entspricht auch hier wiederum Strawinskys Vorstellung des anti-illusionären Einbeziehens der Musik. Seine nicht zuletzt aus praktischen Erwägungen resultierende Entscheidung für ein kleines Ensemble von sieben Instrumentalisten *war für mich besonders anziehend auch um des Interesses willen, das sie für den Zuschauer bietet, der die einzelnen Musiker ihre konzertante Rolle ausüben sieht. Denn ich habe immer einen Abscheu davor gehabt, Musik mit geschlossenen Augen zu hören, also ohne daß das Auge aktiv daran teilnimmt. Wenn man Musik in ihrem vollen Umfang begreifen will, ist es notwendig, auch die Gesten und Bewegungen des menschlichen Körpers zu sehen, durch die sie hervorgebracht wird (...) Aus diesen Überlegungen heraus kam mir die Idee, mein kleines Orchester für die «Geschichte vom Soldaten» in voller Sicht neben der Bühne aufzubauen und auf der anderen Seite eine kleine Estrade für den Vorleser vorzusehen. Diese Anordnung kennzeichnet genau das Nebeneinander der drei wesentlichen Elemente des Stücks, die, eng miteinander verbunden, ein Ganzes bilden sollen (...) Nach unserem Plan sollten diese drei Elemente bald einander das Wort abwechselnd überlassen, bald sich wieder zu einem Ensemble vereinigen.* [189]

Frankreich

Am «Puls der lebendigen Welt»

Im Juni 1920 verließ ich Morges mit meiner Familie, um zunächst den Sommer in der Bretagne zuzubringen und mich dann endgültig in Frankreich niederzulassen (...) Meine Tätigkeit in den folgenden Jahren trug einen anderen Charakter als bisher, sie war viel ausgedehnter. Zwar setzte ich meine schöpferische Arbeit fort, zugleich aber brachte ich als ausübender Künstler meine eigenen Werke zu Gehör.[190] Im Winter 1920/21 lebte Strawinsky in Garches (bei Paris), in einem Haus, das Gabrielle Chanel gehörte. (Die Modeschöpferin unterstützte auch *in großzügiger Weise* die Reprise des *Sacre*, die Diaghilew in jenem Winter in Paris in einer neuen Choreographie von Massine herausbrachte, und *ließ die Kostüme in ihren Schneiderateliers ausführen*[191].) Über ein Jahrzehnt hatten die Strawinskys anschließend ihren Wohnsitz im Süden Frankreichs: in Biarritz, in Nizza, in Voreppe (bei Grenoble). In der Hauptstadt selbst lebte Strawinsky erst nach seiner Naturalisierung als Franzose (Juni 1934): Ende 1934 zog die Familie nach Paris, in den vornehmen Faubourg St. Honoré, *meinen letzten und unglücklichsten europäischen Wohnsitz, wegen des Todes meiner Frau, meiner älteren Tochter und meiner Mutter*[192]. Ludmilla starb 1938, Catherine 1939 (beide an Tuberkulose, für die eine erbliche Disposition bestand), die Mutter (die Strawinsky 1922 aus Rußland hatte kommen lassen und die seitdem in seiner Familie gelebt hatte) im selben Jahr. 1935, nach dem Tod von Paul Dukas, bewarb sich Strawinsky, ermutigt vor allem durch Paul Valéry, um den freigewordenen Sitz im Institut de France. *Pflichtschuldig sprach ich bei Maurice Denis, Charles-Marie Widor und anderen älteren Stimmberechtigten vor, aber ich verlor schmählich, zugunsten von Florent Schmitt.* Strawinsky später zu dieser Enttäuschung sarkastisch: *Dies hätte fast meinen Glauben daran zerstört, daß Akademien sich aus schlechten Künstlern zusammensetzen, die sich dadurch, daß sie nachträglich einige wenige gute wählen, auszeichnen wollen.*[193]

Zweifellos in engem Zusammenhang mit Strawinskys Bemühen, sich als Franzose in Paris zu etablieren, stehen auch die *Chroniques de ma vie*, die er zusammen mit Walter Nouvel (Nuwel) verfaßte (Nuwel, Schriftsteller aus dem St. Petersburger Kreis der «Welt der Kunst», später nach

Frankreich emigriert wie so viele, war ein alter Bekannter Strawinskys): als dezidiert literarisches Erzeugnis und zugleich als – gelegentlich ganz unverhülltes – Bekenntnis zu jenen «klassizistischen» ästhetischen Idealen von *ordre* und *clarté*, die sich Strawinsky auch in seinem musikalischen Schaffen seit *Pulcinella* zu eigen gemacht hatte. Der Unterton eines Hommage an den neuen französischen *esprit* ist in den *Chroniques* unüberhörbar. (Zwei Jahrzehnte später distanziert Strawinsky sich von dem Buch: *Die Chronologie* der Autobiographie, die in Paris 1935 in zwei Bänden erschien, *ist, ich bedaure diese Feststellung, nicht immer verläßlich; und das ist der eine Grund für die laufende Tetralogie meiner «Gespräche» (...) Meine Autobiographie und meine «Poétique musicale», beide übrigens geschrieben durch andere – Walter Nouvel und Roland-Manuel – sind viel weniger mir ähnlich als meine «Gespräche».*[194])

In Paris, dem Zentrum, fanden ganz natürlicherweise die Uraufführungen fast aller größeren Werke Strawinskys jenes Zeitraums von 1920 bis 1939 statt (außer *Psalmensymphonie*, *Violinkonzert*, *Jeu de cartes*), in der Mehrzahl von Strawinsky selbst dirigiert oder, wie in den Klavierkonzerten, gespielt; im übrigen zeigen die zahlreichen sonstigen Aufführungen seiner Werke (Ansermet kam dabei als Dirigent ein wichtiger Anteil zu), daß Strawinskys Musik im Geschehen der französischen Musik der zwanziger und dreißiger Jahre ihren festen Platz hatte. Die maßgeblichen Köpfe in Paris waren in der sogenannten «Gruppe der Six» vereinigt (als deren Wortführer sich Cocteau verstand): der Südfranzose Darius Milhaud, zweifellos die stärkste künstlerische Potenz, Georges Auric, Francis Poulenc, der Welschschweizer Arthur Honegger, der heute kaum bekannte Louis Durey und die Komponistin Germaine Tailleferre. (In Wahrheit konnte von einer «Gruppe» – im Sinne einer Verbindung durch gemeinsame ästhetische Anschauungen – nicht die Rede sein. Wie Milhaud in seinen Memoiren nicht ohne Amüsement schildert, war es ein Kritiker, der 1920 diese Gruppe buchstäblich kreiert hatte, in einem Aufsatz mit dem – die Tendenz der Stärkung französischen Nationalbewußtseins in den Nachkriegswirren deutlich kundgebenden – Titel «Les Cinq Russes et les Six Français». «Ganz willkürlich», so Milhaud, «hatte er sechs Namen gewählt [...]; nur, weil wir uns kannten, gute Kameraden waren und oft auf denselben Programmen standen, ohne sich dabei um unsere verschiedenen Temperamente und ungleichen Naturells zu kümmern [...] Aber es war sinnlos zu protestieren. Collets Artikel fand solch weltweites Interesse, daß er die Gruppe der ‹Six› gebar.»[195]) In der Musik der «Six» und derjenigen Strawinskys in seiner französischen Zeit lassen sich nicht wenige Gemeinsamkeiten feststellen; es sei nur an die Polytonalität erinnert, an das wie selbstverständliche Einbeziehen «niederer» Musiksphären, Music-Hall und Jazz, oder an die raffinierte Simplizität einer Neoklassik. Doch ist der gesamte Komplex bis heute kaum erforscht, so daß sich vorerst nicht sagen läßt, wer wen «beeinflußt» hat und wie.

Zeichnung von Picasso, 1920

Aus Strawinskys Memoiren und Gesprächen gewinnt man jedoch den Eindruck, daß er – aus welchen Gründen auch immer – zu seinen französischen Zeitgenossen eine gewisse Distanz wahrte: nur ein einziges Mal, ganz am Rande, begegnen in den *Chroniques* die Namen Milhaud, Auric und Poulenc; in den späteren Gesprächen, die sehr viel spontaner sind und eine Fülle von Begegnungen und Ereignissen in Erinnerung rufen (vor allem der 2. Teil der Memoiren hat hingegen mehr den Charakter eines ausführlichen, wohlausgewogenen Rechenschaftsberichts), taucht kein einziger der jüngeren französischen Komponisten auf. Nur von Satie ist mehrfach die Rede, dem lang verspotteten Außenseiter, der nach dem Krieg zum «großen alten Mann» der neueren französischen Musik wurde. (Milhaud: «Satie war unser Idol, und wir liebten ihn alle heiß.» [196]) Es scheint fast, Strawinsky habe sich mehr für bildende Künstler interessiert und – vor allem – für Schriftsteller; hier wiederum fällt auf, daß er die große Bewegung der zwanziger Jahre mit Schweigen übergeht: den Surrealismus, den er offensichtlich nicht mochte.

Über Paul Valéry, dem er über zwei Jahrzehnte hinweg sehr nahestand, sagte Strawinsky: *Als ich im September 1939 Europa verließ (...) hat mir Valéry mit seiner Weisheit von allen meinen Freunden am meisten gefehlt. Zweimal in meinem Leben war Valérys geistige und moralische Unterstützung für mich von größter Bedeutung. Die eine dieser beiden Gelegenheiten betraf meine Harvard-Vorlesungen, die ich «Poétique musicale» genannt habe. Ich bat ihn, mein Manuskript zu lesen und zu kritisieren. Es lag mir viel an seinen Bemerkungen über den literarischen Stil, da ich die Vorlesungen nicht in meiner eigenen Sprache, sondern französisch verfaßt hatte.* [197] Die zweite Gelegenheit betraf Strawinskys Zusammenarbeit mit André Gide anläßlich *Perséphone*, eine Zusammenarbeit, die durch Gides anscheinend starre und, was die Musik anging, wenig verständnisvolle Haltung derart schwierig für Strawinsky wurde, daß er Valéry *um seine Unterstützung* bat; *und kein Schiedsrichter hätte mir besser zu helfen vermocht. Ich weiß nicht, was er zu Gide sagte. Mir aber bestätigte er das Vorrecht des Musikers, lockere und ungebundene Prosodien (wie die von Gide) den eigenen musikalischen Vorstellungen entsprechend zu behandeln, auch dann, wenn diese Vorstellungen zur «Verzeichnung» der Phrasierung oder zur Aufteilung der Worte in Silben führten.* [198]

Die andere literarische Hauptperson für Strawinsky ist Jean Cocteau: Cocteau, der schillernd Vielseitige, der sich ständig Wandelnde – darin Strawinsky nicht unähnlich – und schnell auf alles Reagierende, der brillante Rhetoriker, der es immer wieder verstand, sich zum Anführer einer neuen Bewegung, zur Spitze der Avantgarde zu ernennen. Früh schon hatte Cocteau versucht, sich dem Diaghilew-Kreis anzuschließen (sein Ballett «Le dieu bleu» mit der Musik von Reynaldo Hahn, 1912/13, resultierte daraus), er pries 1913 den *Sacre* und wollte im folgenden Jahr ein Ballett mit Strawinsky machen, «David», ein Projekt, von dem anscheinend nur soviel bekannt ist, daß sein Sujet – das Stück spielt eigentümlicherweise unter «Jahrmarktsgauklern ... eine kurze Sache ohne theatralische Attraktion, eine Parade ... Music-Hall ... drei Akrobatennummern ...» [199] – in wesentlichen Zügen Cocteaus Ballett «Parade» von 1917 (Musik von Satie) vorausnimmt. Cocteau schrieb während seines Aufenthalts bei Strawinsky in der Schweiz begeistert: «Intensive Arbeit. Igor Strawinsky ist ein Dynamo. ‹David› wird, so glaube ich, eine außergewöhnliche Sache (keiner anderen ähnlich) ...» [200] (Strawinsky hingegen, in späten Erinnerungen, weit zurückhaltender: *Cocteau suchte mich auf in der Hoffnung, mich für die Mitarbeit an einem Werk zu gewinnen ...* [201])

Bald darauf begann Cocteau die Musik Saties zu ‹entdecken›, deren «Schlichtheit» er 1918 in der Schrift «Le coq et l'arlequin» – einer Sammlung von Aphorismen und Statements – auf eine Weise pries, die Strawinsky verletzen mußte: Satie wurde hier zum einzigen und wahren Lehrmeister der neueren Musik erklärt und in kaum verhüllter Weise gegen Strawinsky ausgespielt. («Satie lehrt unsere Epoche die größte Kühnheit: schlicht zu sein ... Die echte Originalität eines Satie erteilt den jungen Musikern eine Lehre, die keineswegs den Verzicht auf ihre eigene Originalität impliziert. Wagner, Strawinsky, ja sogar Debussy sind schöne Tintenfische. Wer ihnen zu nahe kommt, hat Schwierigkeiten, sich aus ihren Fangarmen zu befreien ...» [202]) Saties neue Einfachheit bleibt für Cocteau weiter das große Vorbild. Zusammen mit Max Jacob plant er, eine «antimoderne Liga» ins Leben zu rufen, eine «klassische Linke»: «Eine neue Dichtung kündigt sich an; sie ist einfacher, konstruierter, sie verzichtet

André Gide und Strawinsky. Wiesbaden, 1933

auf Umwege (...) Alles (...) wird mit einer Anmut transponiert, die ans 18. Jahrhundert gemahnt. Man schließt sich, ohne nachzuahmen, der Tradition an.»[203] 1918 bearbeitet Cocteau Shakespeares «Romeo und Julia» (aufgeführt erst 1924), strafft das Stück, reduziert es drastisch; später schrieb er dazu, in beziehungsreicher Anspielung auf *Pulcinella*: «Ich versuchte eine Schönheitsoperation in der Absicht, die Meisterwerke zu verjüngen, sie neu zusammenzunähen, ihre faltige Haut zu straffen, sie von der Patina und den abgestorbenen Zellen zu befreien, kurz, ich wollte mit ihnen eine Ehe eingehen, und wie Strawinsky, dem man seine Respektlosigkeit gegenüber Pergolesi vorwarf, antwortete ich: ‹Ihr respektiert, ich aber liebe!›»[204]

Parallelen zwischen Cocteau und Strawinsky sind deutlich (ob man von «Einflüssen» Cocteaus auf Strawinskys Werk sprechen kann, bleibt allerdings dahingestellt): Cocteaus Idee der «einfacheren, konstruierteren» «neuen Dichtung», die sich «an Straßenliedern inspiriert»[205], entsprechen Strawinskys Werke der Kriegsjahre; daß Cocteaus Ruf nach «Ordnung» (1926 erschien sein Sammelband «Le rappel à l'ordre») eine Parallele zur sogenannten «Neoklassik» bildet, war schon den Zeitgenossen bewußt; und daß Cocteau genau wie Strawinsky mit einem Verfahren der «Verfremdung» bei der «Verjüngung» alter Meisterwerke operierte, zeigt das obige Zitat.

Strawinsky hatte damals Cocteaus *«Antigone» gesehen, und die Art, wie er den antiken Mythos behandelt und in eine zeitgemäße Form kleidet,* hatte ihm *sehr gefallen.* Als Strawinsky 1925 beschloß, *ein Werk größeren Umfangs in Angriff zu nehmen (...) eine Oper oder ein Oratorium über einen Text, dessen Handlung allgemein bekannt ist* und sich dafür ein Thema aus *dem Umkreis der berühmten Mythen des klassischen Griechenlands* anbot, *schien mir als Verfasser für das Textbuch niemand geeigneter als Jean Cocteau.*[206]

Wir hielten unser Vorhaben streng geheim, denn wir wollten mit diesem Werk Diaghilew eine Überraschung bereiten zu seinem zwanzigjährigen Bühnenjubiläum, das im Frühjahr 1927 gefeiert werden sollte.[207] Oedipus Rex ist Strawinskys letztes Werk «für» Diaghilew, ein Hommage. Die künstlerischen Beziehungen zwischen Strawinsky und Diaghilew indessen waren schon seit einiger Zeit gegenüber früher sehr gelockert; ein Tschaikowsky-Arrangement im Jahre 1921 (für «Dornröschen») war Strawinskys letzte Auftragsarbeit für die Ballets russes gewesen, und die Kurzoper *Mavra* – deren Entstehungsgeschichte eng mit dieser Tschaikowsky-Arbeit zusammenhängt – war das letzte Werk Strawinskys, das von Diaghilew herausgebracht wurde. (1922; im nächsten Jahr folgte noch die nachgeschobene Premiere der älteren *Les noces.*)

Strawinsky orientierte sich, was seine Kompositionsaufträge der zwanziger und dreißiger Jahre betraf, im übrigen schon weitgehend an Amerika: *Apollon* für Elizabeth Sprague Coolidge, *Le baiser de la fée* und *Perséphone* für Ida Rubinstein, die *Psalmensymphonie* für das Boston Symphony Orchestra (das mittlerweilen Strawinskys alter Freund Kussewitzky leitete), *Jeu de cartes* für das American Ballet, *Dumbarton Oaks* und die *Symphonie in C* für die Washingtoner Mäzene Bliss. Strawinskys späterer Übersiedlung in die USA (in die er auch drei Konzerttourneen unternommen hatte: 1925, 1935 und 1937) war schon lange vorher sozusagen der Boden bereitet.

Im Diaghilew-Kreis lernte Strawinsky 1921 Vera de Bosset (geb. 1888) kennen, die später seine zweite Frau wurde. Die vielseitig begabte Künstlerin – in Rußland aufgewachsen, aber keine «belle Russe», wie Thomas Mann meinte, sondern von französisch-schwedischen Eltern stammend – war damals mit dem Maler Serge Sudeikin verheiratet und als Kostümbildnerin tätig.

Cocteau, Picasso, Strawinsky, Olga Picasso. Juan-les-Pins, 1925

Seit etwa 1924 verbrachte Strawinsky einen großen Teil seiner Zeit, um auf zahlreichen Tourneen seine Werke als Dirigent und Pianist in vielen Städten Europas – von Spanien bis Skandinavien, von England bis zum Balkan – sowie in Übersee (Nord- und Südamerika) zu Gehör zu bringen; dies trug natürlich ganz wesentlich dazu bei, daß seine Musik einen überaus großen Bekanntheitsgrad erreichte. Speziell für sich als Pianist schrieb er die großen konzertanten Klavierwerke (*Klavierkonzert mit Bläsern* 1924, *Capriccio* 1929, für sich und seinen Sohn Soulima, der inzwischen Konzertreife erlangt und 1933 debütiert hatte, das *Concerto für zwei Klaviere* 1935).

Ein wichtiger Grund für Strawinskys umfangreiche Dirigententätigkeit

Strawinsky, fotografiert von Vera Sudeikina. Paris, 1923

ist auch der, daß ihm sehr viel daran gelegen war, daß seine Kompositionen «richtig» ausgeführt würden (das Wort «Interpretation» war ihm suspekt), und das hieß für ihn vor allem: richtig in den Tempi. *Der Kardinalpunkt ist das Tempo. Meine Werke können fast alles überstehen, nur kein falsches oder unsicheres Tempo (...) Das stilistische Aufführungsproblem in meiner Musik ist ein Problem der Artikulation und der rhythmischen Diktion. Die Nuance hängt von diesen ab.*[208] Die tiefe Abneigung gegen jene gefährliche Freiheit der Auslegung, die heutzutage so verbreitet ist, und die es dem Publikum unmöglich macht, die wahren Intentionen des

Vera Sudeikina, fotografiert von Strawinsky. Paris, 1928

Komponisten kennenzulernen[209], erweckte daher in Strawinsky sehr früh lebhaftes Interesse auch für die akustischen Reproduktionsmittel: die Klavierwalze, später die Schallplatte. *Ich wünschte ein für allemal zu verhindern, daß meine Werke falsch interpretiert werden.*[210] 1923 schloß er einen Sechsjahresvertrag mit der Firma Pleyel, in deren Pariser Studios Strawinsky einen Arbeitsraum erhielt, um seine *sämtlichen Werke für das mechanische Klavier zu transkribieren*[211]. Die Arbeit mit diesem *schizoiden Instrument*[212] reizte ihn auch, weil sie – wie jede neue Aufgabe für Strawinsky – seine Kreativität anregte: *Das mechanische Klavier hat be-*

*Strawinsky
im Studio Pleyel.
Paris, 1929*

*sondere Eigenschaften, denen sich meine Bearbeitung natürlich anpassen
mußte. Es bietet unbeschränkte Möglichkeiten im Hinblick auf Präzision,
Schnelligkeit und Polyphonie, aber dynamische Unterschiede auf ihm fest-
zulegen ist sehr schwierig. Immer wieder stieß ich auf neue Probleme in-
strumentaler Natur, die sich aus der Akustik ergeben, und somit auch auf
Probleme der Harmonie und der Stimmführung. Indem ich sie zu lösen
trachtete, entwickelte und übte sich meine Phantasie.*[213] *Meine Erfahrung
(. . .) muß die Musik, die ich damals komponierte, beeinflußt haben, zumindest was Fragen der Temporelationen und Temponuancen (vielmehr
die Abwesenheit von Temponuancen) betrifft.*[214]

Einige Jahre später, um 1929, *schloß ich einen mehrjährigen Vertrag mit
der großen Grammophongesellschaft Columbia ab (. . .) Die Platten, die so
entstanden, waren in technischer Hinsicht sehr gelungen. Sie haben den
Wert von Dokumenten und können allen Interpreten meiner Musik als An-
leitung dienen.*[215] *Die dauernde Gewohnheit*, schrieb Strawinsky freilich
schon 1935 über das grundsätzliche Manko der Schallplatte, *veränderte
und häufig entstellte Klänge zu hören, verdirbt das Ohr, das völlig verlernt,*

den natürlichen musikalischen Klang zu genießen.[216] Trotzdem: *diese Fehler (...) haben keinen Einfluß auf das, was am wichtigsten ist, und wodurch der Gedanke der Komposition überhaupt erst zum Ausdruck kommt: die Tempi und ihr Verhältnis zueinander (...) Es befriedigt mich zu wissen, daß alle, die meine Platten spielen, meine Musik ohne wesentliche Entstellung meiner Gedanken hören.*[217] Wohl jeder, der die von Strawinsky eingespielten Schallplattenaufnahmen seiner Werke kennt (die letzte stammt aus dem Jahre 1967), wird dem zustimmen.

Der «Blick in den Spiegel»

In treffsicherer Einschätzung der Vorliebe des breiten Publikums für «alte» Musik – diejenige des 18. Jahrhunderts – brachte Diaghilew 1917 ein Ballett von Massine heraus, «Les femmes de bonne humeur», für das verschiedene Stücke Domenico Scarlattis ad hoc zusammengestellt und orchestriert worden waren. (Das Muster für solche Pastiches dürften Tschaikowskys «Mozartiana» gewesen sein; auch «Les Sylphides», Diaghilews Ballett auf Chopin-Musik, gehört in dieses Genre.) Den guten Erfolg, den der Einfall hatte, gedachte Diaghilew zu nutzen; er beauftragte Ottorino Respighi mit einer Rossini-Bearbeitung («Der Zauberladen», 1919) und wandte sich an Strawinsky mit dem Plan, *ein neues Stück herauszubringen über die Musik eines anderen berühmten Italieners, den ich, wie er wußte, schätzte und bewunderte: Pergolesi*[218]. (So die Stilisierung in den *Chroniques*; später berichtete Strawinsky, sicherlich wahrheitsgetreuer, er habe Diaghilew zunächst für verrückt gehalten, und die «Liebe» zu Pergolesis Musik sei in ihm erst bei der genauen Durchsicht des Materials erwacht – das heißt aber: als der eigene kreative Prozeß schon eingesetzt hatte.)

Strawinsky freilich sorgte für eine Überraschung; er ließ sich keineswegs zu dem herbei, was Diaghilew erwartet hatte: zu *einer peinlich gesitteten Instrumentation von etwas sehr Lieblichem*[219] nach bewährtem Muster. *Meine Musik schockierte ihn so, daß er lange Zeit mit einem Gesicht umherging, das «das beleidigte Achtzehnte Jahrhundert» auszudrücken schien.*[220] Harte Kombinationen entstehen in *Pulcinella* durch jähe Brüche und scharfe Schnitte: Strawinsky stört oft die regelmäßige Periodenbildung, streicht Wiederholungen und Korrespondenzen, läßt einzelne Takte oder Taktteile weg, so daß die Musik, wie sich verhaspelnd, vorwärtszustürzen scheint; er montiert Phrasen neu, fügt heterogene Stücke unvermittelt aneinander und erzielt die verwirrende Wirkung von falsch Zusammengesetztem, beschleunigt manche Tempi in (am 18. Jahrhundert gemessen) absurde Zeitmaße.

81

In Berlin, 1931

Auf Strawinskys Veränderung der musikalischen Sprache des ‹Klassikers› Pergolesi passen die Worte, mit denen Jean Cocteau seine Bearbeitung der «Antigone» des Klassikers Sophokles (1922) charakterisiert hatte: es sei ihm darum gegangen, «‹Antigone› dem zeitgenössischen Rhythmus anzupassen. Unsere Geschwindigkeit, unsere Geduld sind nicht die der Athener des Jahres 440 vor Christus.»²²¹ Noch ein anderes Wort Cocteaus kommt in den Sinn; es steht im Vorwort zu dieser «Antigone»: «Es ist verlockend, Griechenland vom Flugzeug aus zu fotografieren (...) So wollte ich ‹Antigone› übersetzen. Aus der Vogelschau verschwinden manche bedeutenden Schönheiten, andere treten hervor; es entstehen unerwartete Verdichtungen, Zusammenballungen, Schatten, Winkel, Reliefs. Vielleicht ist mein Versuch ein Weg, die alten Meisterwerke zu beleben.»²²² Wie Cocteau die klassische «Antigone», so hat Strawinsky Pergolesi gleichsam ‹überflogen› und den ‹klassischen Text› in eine moderne Sprache im «zeitgenössischen Rhythmus» übersetzt; «das Werk hält nicht an den kleinen Stationen und rast auf das Ende zu wie ein Expreßzug» (Cocteau).²²³ So kommt es, daß der ganze *Pulcinella*, obgleich tatsächlich neu komponiert nur wenige eingeschobene Takte sind, das musikalische Idiom Strawinskys spricht.

Über den Kompositionsvorgang selbst berichtete Strawinsky später: *Ich begann direkt auf den Pergolesi-Manuskripten zu komponieren, so, als würde ich ein altes Werk von mir selbst korrigieren. Ich begann ohne Vorurteile oder ästhetische Einstellungen, und ich hätte nichts über das Ergebnis vorhersagen können.*²²⁴ Was Strawinsky wie nebenbei erwähnt, berührt jedoch den Kern seines Begriffs von Komposition: Komponieren heißt Nacharbeiten, Überarbeiten, Verändern einer Vorlage, eines Modells; das Modell umgekehrt wird als in Besitz genommen betrachtet, als gänzlich angeeignet. Komponieren heißt für Strawinsky, will man es auf eine Formel bringen, «Musik über Musik machen». *Ich bin der Meinung, daß meine Haltung Pergolesi gegenüber die einzig fruchtbare ist, die man alter Musik gegenüber einnehmen kann (...) Respekt allein ist immer steril, er kann niemals als schöpferisches Element wirken. Um etwas zu schaffen, braucht es Dynamik, braucht es einen Motor, und welcher Motor ist mächtiger als die Liebe?*²²⁵

Pulcinella setzt eine Zäsur, nicht so sehr im Kompositionsverfahren, aber in der Verwendung der Modelle und Materialien. Der erste Schritt zur «Neoklassik» ist getan. *«Pulcinella» war meine Entdeckung der Vergangenheit, eine Epiphanie, durch die mein späteres Werk möglich wurde. Natürlich war es ein Blick zurück – die erste von vielen Liebesaffären in dieser Richtung –, aber es war auch ein Blick in den Spiegel.*²²⁶

Den Abschied von der «russischen Periode» Strawinskys markiert die burleske Kammeroper *Mavra*; wie *Pulcinella*, zu dem sie ein russisches Pendant bildet, ein heiteres Verkleidungsspiel, angeregt offensichtlich durch Strawinskys Arbeiten an Tschaikowskys «Dornröschen». Gewid-

Picasso: Figurinen zu «Pulcinella», 1920

met ist das Werk *dem Andenken Puschkins, Glinkas und Tschaikowskys*, der ausdrücklich nach Westen gerichteten russischen Kunst also, der Strawinsky seit jeher seine Affinität bezeugt hat. *Mavra* ist ein fast parodistisches Stilporträt der russischen Oper als *opéra bouffe*; der schneidende Bläserklang, die mit leichter Hand hingeworfenen Figurationen, die gepfefferten kurzen Akkorde aber haben schon ganz «neoklassischen» Charakter. Bei der ersten Aufführung, im Juni 1922 durch Diaghilews Ballets russes, wurde *Mavra*, zusammen mit *Renard*, *Petruschka* und *Sacre* in ein Programm gespannt, zu einem regelrechten Flop: bestenfalls als Witz wollte man das Werk verstehen. *Nur einige wenige Musiker der jungen Generation nahmen «Mavra» ernst und erkannten, daß dieses Werk in meinem musikalischen Schaffen einen Wendepunkt bedeutet.*[227]

In weit größere Irritation setzte Strawinsky sein Publikum im folgenden Jahr mit dem *Bläseroktett*, seinem ersten Hauptwerk der Neoklassik. (Man muß sich vergegenwärtigen, daß erst wenige Monate zuvor die verspätete Uraufführung der so ganz andersartigen *Les noces* stattgefunden hatte.) Der amerikanische Komponist Aaron Copland schrieb später in kaum zu überbietender Klarsicht: «Der Verfasser nahm in Paris (...) am Premierenabend teil und kann bestätigen, daß dem ersten Anhören allgemein das Gefühl einer beabsichtigten Irreführung folgte. Hier stand der

84

gleiche Strawinsky, der einen neoprimitiven Stil als sein ureigenstes Werk geschaffen hatte, gegründet auf heimische russische Weisen – der nach jedermanns Ansicht das Eigenständigste in der modernen Musik war –, und macht nun mit einemmal ohne jeden einleuchtenden Grund eine Kehrtwendung, indem er dem Publikum ein Stück vorsetzte, das keinerlei Ähnlichkeit mit dem persönlichen Stil zeigte, mit dem man Strawinsky bisher identifiziert hatte (...) Das Ganze schien wie ein schlechter Witz auszusehen, der einen unangenehmen Nachgeschmack hinterließ und Strawinsky die einmütige Ablehnung durch die Presse eintrug. Niemand hätte es für möglich gehalten, daß zum einen Strawinsky bei dieser Schreibweise verbleiben würde, oder zum andern das Oktett dazu ausersehen sein sollte, die Komponisten in aller Welt dahin zu beeinflussen, daß sie sich der in der Luft liegenden Hinwendung zur Objektivität voll bewußt wurden, indem sie sich rückhaltlos die Ideale, Formen und Ausarbeitungen der

Paris, 1920

vorromantischen Zeit zu eigen machten.»²²⁸ Charakteristika des *Oktetts* sind: barocke Figurationen, Sequenzierungen, wie sie der Musik des 18. Jahrhunderts, zumal derjenigen Bachs, eigentümlich sind; vertraute rhythmische Muster (hier tritt der punktierte Rhythmus wieder auf, den Strawinsky in seinem früheren Schaffen peinlich vermieden hatte); die durchgehende Motorik der Bewegung, basierend auf gleichbleibender Geschwindigkeit des kleinsten Notenwerts (die realen Metren freilich, die wahrnehmbaren Taktordnungen, wechseln); klare melodische Linien, unverhüllt traditionelle Formen und Techniken. Die musikalischen Elemente im einzelnen erwecken also vollkommen den Eindruck des Bekannten; ungewohnt aber, und irritierend neuartig, ist ihre Zusammensetzung: hier gibt es fortwährend Überraschungen, Unregelmäßigkeiten, Versetzungen, «falsche» Wiederholungen; lauter ineinander verschobene Perspektiven sozusagen. Das *Oktett* besteht aus Bestandteilen «alter Musik» und läuft doch an keiner Stelle so wie jene zahllosen Stücke «im alten Stil», wie sie damals bis zum Überdruß verbreitet waren. Strawinsky ahmt das «Modell» nicht nach, er formt es durch drastische Eingriffe um; wie *Pulcinella* – dessen strikt logische Fortsetzung in der Kompositionstechnik es darstellt – ist das *Oktett* «Musik über Musik».

Strawinsky: «Musikalischer Brief» an Alice Bally. Morges, 1918

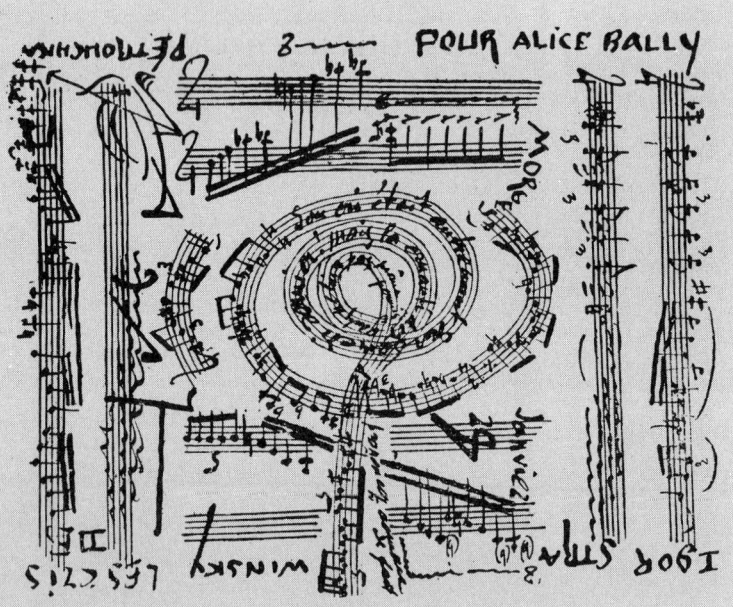

Strawinsky selbst mochte nie recht akzeptieren, daß man seine «Wende» zur Neoklassik derart überbewertet hat, als beginne damit eine gänzlich neue Art von Musik. *Alles verläuft in gerader Linie*, betonte er 1946 in einem Interview, *schon «Feu d'artifice» enthält die Keime meiner «Symphonie in drei Sätzen», und ich sehe keinerlei Unterschied zwischen dem Autor der «Histoire du soldat» und der «Danses concertantes».*[229] Auch Strawinsky könnte gesagt haben, wie Schönberg nach seiner Wende zur Dodekaphonie: «Im übrigen komponiert man wie vorher.»

Die Hauptkonstante des Kompositionsverfahrens Strawinskys, wie sie sich seit *Petruschka* in zunehmender Deutlichkeit zeigt, gilt genauso für die neoklassische Phase: das Arbeiten nach Modellen, die in einem Prozeß der Neuaneignung umgeformt – nicht nachgeahmt – werden, «verfremdet», wobei der Technik der «harten Fügung», des gestörten *ordre*, des unregelmäßigen Rhythmus eine Hauptrolle zukommt. Komponieren hat für Strawinsky stets etwas von Spiel, einem Spiel nach immer wieder neu geschaffenen Regelsystemen. So wird auch verständlich, warum die Modelle immer wieder wechseln: ein neues Spiel wird erfunden, voller Lust an der Aufgabe, mit einem anderen Bezugssystem, mit anderen musikalischen Problemstellungen zu arbeiten. (Strawinskys Abneigung gegen das Beharren auf unveränderlichen Codes kommt in dem maliziösen Aperçu zum Ausdruck, Vivaldi habe sechshundertmal dasselbe Konzert komponiert.[230]) Das Phänomen der unmittelbaren zeitlichen Nachbarschaft «stilistisch» völlig verschiedener Kompositionen, das auch schon früher zu beobachten war, wird allerdings in der neoklassischen Phase häufiger: die Reihe der Werke zwischen 1923 und 1951 ist ein Œuvre in Antithesen, fortwährend wechselnden «contradictions» (wie Cocteau in anderem Zusammenhang sagte), ein Œuvre, das in denkbar deutlichem Gegensatz steht zu Begriffen wie «Entwicklung» und «Notwendigkeit», die ihren Ursprung in der deutschen Romantik haben. (Die vielberufene künstlerische Verwandtschaft zu Picasso zeigt sich hierin am klarsten.) Und wenn man genau hinhört, bemerkt man Wechsel der Modell-Bezüge selbst innerhalb der einzelnen Kompositionen: so gibt es deutliche Jazz-Intonationen im *Oktett* (in der «swingenden» Coda des *Finale*) und im *Klavierkonzert*, einen Hauch von leichter Musik selbst im strengen *Apollon*, von Barmusik im *Concerto für zwei Klaviere*.

Es liegt zweifellos an dieser universalen Verfügbarkeit über das «imaginäre Museum» der abendländischen Musik, daß die gesteigerte Künstlichkeit des mehrfach gebrochenen *Blicks in den Spiegel* mitunter zum Selbstzweck gerät, der energische Zugriff, den Strawinskys beste Werke zeigen, zur verspielten Attitüde verkümmert, zu einem blassen «Als ob». (In den *Danses concertantes* etwa ist unangenehm drastisch ein starr Mechanisches zu spüren, auf das Strawinskys Manier sich hier reduziert, die allzu blanke Leichtigkeit typischer Handgriffe, deren Ergebnis fast anmutet wie ein schwaches Werk eines Nachahmers Strawinskys.) Innerhalb der langen und kontinuierlich hervorgebrachten Reihe «neoklassischer» Kompositionen, vom *Oktett* (1923) bis zu *The Rake's Progress* (1951), ist durchaus nicht alles von gleichem Niveau. Strawinsky selbst war sich, in späteren Jahren jedenfalls, darüber im klaren; seine Selbstkritik war rücksichtslos und machte sogar vor der *Symphonie in C* nicht halt.

Im *Klavierkonzert mit Bläsern* (1924), seiner nächsten Komposition nach dem *Oktett*, wird die Beschäftigung mit dem konzertanten Prinzip – einem Inbegriff reinen Instrumental-«Spiels» – schon im Titel zum Ausdruck gebracht. Das *Klavierkonzert* ist kontrapunktisch kompliziert wie kein anderes Werk Strawinskys jener Epoche, dabei voll geballter Kraft in den Dissonanzen – Adorno hat es noch 1949 ohne Umschweife «wüst» genannt – und in den vertrackten rhythmischen Strukturen der solistischen Partien, in denen sich mehr als einmal die Pranke des Jazz bemerkbar macht.

Das Bachsche Concerto-Modell steht im Hintergrund auch für das *Violinkonzert* von 1931 und das Kammerkonzert *Dumbarton Oaks* (benannt nach dem Wohnsitz der amerikanischen Mäzene), dessen Beginn wie eine Variation über das dritte «Brandenburgische Konzert» anmutet. (Das *Capriccio* von 1929 hingegen schließt sich mehr an das romantische Solokonzert an – Strawinsky selbst hat eine Inspiration durch die Musik Webers betont –; das *Concerto für zwei Klaviere* andrerseits ist so stark in die Nähe der Musiksprache der französischen Zeitgenossen gerückt wie kein zweites Instrumentalwerk Strawinskys: nicht wenige der komplexen Klangballungen erinnern direkt an Milhaud.)

Nach der Bachschen «Klassik» bezieht Strawinsky bald auch die «Wiener Klassik» in seinen schöpferischen Prozeß ein: die Musik Beethovens. *Auch nach Vollendung des «Oktetts» und des «Concerto», schreibt er in den Chroniques, beherrschte mich das Interesse an der rein instrumentalen Musik, die keinerlei szenische Ausführung erfordert (...) Ich beschloß, ein Klavierstück in mehreren Sätzen zu komponieren: meine «Sonate» (...) Bei dieser Gelegenheit spielte ich unter anderem wieder eine Reihe Beethovenscher Sonaten.*[231] Was Strawinsky an Beethovens Musik bewundert, ist die enge Bindung der Musik an den *instrumentalen Charakter*[232] – für Beethoven *ist Instrumentierung niemals ein Kleid* – und die *Kraft (...), die in erster Linie eine konstruktive Ordnung schaffen will.*[233] Das Studium Beethovens bestätigt Strawinsky, der weit davon entfernt war, Beethovens musikalische Charaktere konkret nachahmen zu wollen, in seinen eigenen Ideen über einen Begriff von «reiner Musik».

Die *Symphonie in C*, Strawinskys letzte europäische Komposition (abgeschlossen erst nach der Übersiedlung in die USA), greift erneut auf die Wiener Klassik zurück, diesmal auf Haydns Symphonien mit ihrem klaren, durchsichtigen thematischen Gewebe, der heiteren Beweglichkeit ihres instrumentalen Spiels. Vom Schmerz in Strawinskys Leben (dem Tod dreier nächster Angehöriger, der eigenen schweren gesundheitlichen

In Kopenhagen, 1924

Gefährdung), gar von den Nöten der Zeit verrät das sprühende Werk
keinen Ton – auch das entspricht, wenn man so will, dem Geist der Wiener Klassik: auch ihre Musik will nicht zuerst als Ausdruck persönlicher
Gefühle verstanden werden.

In den besten der «neoklassischen» Werke Strawinskys sind Rhythmus und Metrum, trotz einer oft beständigen Motorik, kaum jemals gleichförmig, sondern wahren die Beweglichkeit eines scheinbar Spontanen; die Tonalität, selbst wenn sie unverdeckt auftritt, hat nichts von peinlichem Auftrumpfen; Kontrapunkte laufen selten leer; thematische Arbeit, Fugati wirken nur selten mühsam und angestrengt bepackt (Ausnahmestellen finden sich am ehesten in Finalsätzen, in *Dumbarton Oaks* und den beiden Symphonien etwa) – kurz: Witz, Spiel, kalkulierte Spontaneität behalten durchweg die Oberhand über jeden «Klassizismus» im Sinne von Akademismus, über jede rhetorische Langatmigkeit. *Das akademische Temperament läßt sich nicht erwerben. Da ich nicht das dem Akademismus eigene Temperament habe, so bediene ich mich stets wissentlich und freiwillig seiner Formen. Ich bediene mich ihrer ebenso gewissenhaft wie der Folklore. Dies sind die Rohstoffe meiner Arbeit.*[234] (Vielleicht ist dieser «Witz», von satirischer Schärfe nicht allzuweit entfernt, auch ein Stück russischer Mentalität: man denke an Prokofjews ironisch-distanzierte «Symphonie classique», die schon 1916 entstanden ist; auch Schostakowitsch konnte in solchem anti-akademischem «Klassizismus» schreiben.) Jeder, der etwa Paul Hindemiths Werke seit den dreißiger Jahren auch nur oberflächlich kennt, spürt einen Unterschied: Strawinskys Musik gerät, anders als allzuoft die des Deutschen, nicht ins «Schwitzen».

In *Apollon Musagète* schlägt Strawinsky einen neuen Ton an: die Musik hat hier, ohne Zweifel im Zusammenhang mit dem antiken Sujet (das Strawinsky selbst gewählt hatte), einen deutlichen Einschuß an «älterer» Musik – gemessen an der Bachschen und der Wiener Klassik –, nämlich der französischen Klassik eines Lully. (In ähnlicher Weise sind zwei Jahrzehnte später in den *Orpheus* Reminiszenzen an die Musik des 17. Jahrhunderts, an Monteverdi etwa, eingegangen.) *«Apollon» ist ein Tribut an das französische Siebzehnte Jahrhundert.*[235] *Aus Bewunderung für die lineare Schönheit des klassischen Tanzes hatte ich mich für die strenge Form des Balletts entschieden, und dabei dachte ich vor allem an das «ballet blanc», bei dem sich meiner Ansicht nach das Wesen dieser Kunst am klarsten offenbart (...) Das reizte mich, meiner Musik den gleichen Charakter zu geben, und am meisten schien mir dazu die diatonische Schreibweise zu passen. Die Klarheit dieses Stils bestimmte auch die Wahl, die ich unter den Instrumenten traf (...) Es lockte mich, eine Musik zu komponieren, bei der das melodische Prinzip im Mittelpunkt steht.*[236]

Apollon ist auch ein Hommage an die französische klassische Dichtung – *Terpsichore vereint den Rhythmus der Dichtkunst mit der Beredsamkeit der Geste, sie offenbart der Welt den Tanz*[237] –: *das wirkliche Sujet von «Apollon» ist die Verskunst.*[238] Strawinsky verweist auf den Alexandriner, das klassische Versmaß, das er in der Calliope-Variation auskomponierte, die den Untertitel *L'Alexandrine* trägt und der ein Zitat aus der Verslehre des Klassikers Nicolas Boileau als Motto vorangestellt ist; und er nennt den Iambus – das metrische Hauptelement des Alexandriners – *das rhyth-mische Grundmuster* in *Apollon*, dessen *einzelne Tänze als Variationen der Idee des umkehrbaren iambischen Rhythmus gedacht werden können (...) Verskunst bedeutet für die meisten Menschen etwas Willkürliches und Künstliches, obschon für mich Kunst willkürlich ist und künstlich sein muß (...) Die Musen unterweisen Apollo nicht (...), sondern sie führen ihm ihre Künste vor, damit er sie billige*[239]: das Sujet des Werkes, das Vorfüh-ren der Kunst, gestaltet Strawinsky als Hommage an einen strengen, rei-nen, klassischen Kunstbegriff.

Oedipus Rex, die erste von Strawinskys Kompositionen mit antikem Stoff, hat, anders als der gleich darauf entstandene *Apollon Musagète*, mit «Neoklassik» kaum etwas zu tun: das *Opern-Oratorium* ist im Grunde ein Werk religiösen Charakters. *Ich kann bezeugen, daß die Musik in mei-ner strengsten und ernstesten Periode orthodoxen Christentums komponiert wurde.*[240] Im Herbst 1925, in Venedig, und im darauffolgenden Jahr in Padua, erlebte Strawinsky tiefe Erfahrungen religiösen Glaubens, die ihn veranlaßten, wieder in die russisch-orthodoxe Kirche einzutreten. Das *Pater noster* (1926) entsprang unmittelbar dieser Bewegung, später folg-ten noch *Credo* (1932) und *Ave Maria* (1934): schlichte a cappella-Dekla-mationen der liturgischen Texte in archaisierenden, an die traditionelle Musik der russischen Kirche angelehnten Harmoniefolgen. Auch die *Messe* (1944–48) für vierstimmigen Chor (Sopran und Alt von Knaben-stimmen auszuführen) und zehn Bläsern *war nicht für den Konzertge-brauch komponiert, sondern für den in der Kirche*, in der katholischen Kirche (die orthodoxe gestattet keine instrumentale Begleitung). *Sie ist liturgisch und fast ohne Ornamente*[241], obgleich weit kunstvoller als die vorangehenden a cappella-Sätze.

Auf der Rückreise vom Festival in Venedig, im Herbst 1925, sah Stra-winsky *an einem Buchstand eine Lebensbeschreibung des Franz von Assi-si, die ich kaufte und noch in jener Nacht las. Dieser Lektüre verdanke ich die Klarlegung einer Idee, die mir schon öfters, wenngleich vage, begegnet war, seitdem ich ein déraciné geworden war. Die Idee war die, daß ein für Musik bestimmter Text einen gewissen monumentalen Charakter erhalten könnte durch eine sozusagen rückwärtsgerichtete Übersetzung von einer weltlichen in eine religiöse Sprache (...) Das überzeugende Beispiel des Franz von Assisi war sein hieratischer Gebrauch des Provençalischen – der dichterischen Sprache der Renaissance der Rhône – im Kontrast zu seinem alltäglichen Italienisch oder Spätlatein. Vor jenem Augenblick der Erleuch-tung in Genua war ich außerstande, das Sprachenproblem in meinen künf-tigen Vokalwerken zu lösen. Russisch, die verbannte Sprache meines Her-zens, war musikalisch unbrauchbar geworden; Französisch, Deutsch und Italienisch waren meinem Temperament fremd.*[242] Nach der Lektüre der Franziskus-Biographie *entschied ich mich, jene Sprache zu verwenden, die auch die Sprache der abendländischen Kirche ist, und kurz darauf wählte ich das archetypische Drama der Reinigung.*[243] *Die Entscheidung, ein Werk über das Stück von Sophokles zu komponieren, folgte bald nach meiner Rückkehr nach Nizza, aber diese Entscheidung war vorausbestimmt. Ich wünschte einen ganz allgemeinen Handlungsentwurf, zumindest einen, der so gut bekannt war, daß ich auf eine ausführliche Exposition verzichten konnte. Ich wünschte das «Stück» als solches hinter mir zu lassen.*[244] *Oedipus Rex* ist kein Drama, es gleicht eher, in Analogie zum christlichen Gottesdienst, dem Vollzug eines festgelegten Ritus; und in der Musik wollte Strawinsky, wie er es in den geistlichen Chorsätzen getan, *auf stille anonyme Formeln einer entlegenen Zeit zurückgreifen.*[245]

Strawinskys szenische Vorstellungen für *Oedipus* – sie setzten ein, *sobald ich mit der Komposition der Musik begann*[246] – waren die einer vollkommenen Statuarik: nahezu alle Darsteller *sind mit stilisierten Gewändern und Masken bekleidet. Sie bewegen nur den Kopf und die Arme, sodaß sie belebten Statuen gleichen.*[247] *Keiner ‹spielt›, und die einzige Person, die sich überhaupt bewegt, ist der Erzähler, und der tut es nur, um seine Absonderung gegenüber den anderen Bühnenfiguren zu zeigen.*[248] Strawinskys Vorstellung einer hieratisch entrückten Statuarik war im Grunde das genaue Gegenteil von Cocteaus Idee der Aktualisierung eines antiken Mythos, wie er sie in seiner «Antigone» von 1922 gestaltet hatte.

Oedipus Rex ist ein zwiespältiges, in sich widersprüchliches Werk, Strawinskys problematischstes vielleicht. Auf der einen Seite Cocteaus «prosaisch»-weltliche Aktualisierung – der Sprecher, seine Partie ist in Französisch, *trägt einen Frack (...), er drückt sich wie ein Conférencier aus*[249], die offene Ironie im Spiel mit einem Bildungsbürgertum (*«jetzt werdet ihr den berühmten Monolog hören»*, kündigt der Sprecher gegen Ende des Dramas an, aber was folgt, ist bloß *ein gesungenes Telegramm aus vier Worten*[250]); auf der anderen Seite Strawinskys starre *Geometrie der Tragödie, die unausweichlichen Kreuzungen der Linien*[251], statuarische Nicht-Handlung, rituell vollzogen in einer dem Zuhörer nicht geläufigen Sprache, die der religiösen Sphäre angehört. (Die Übertragung von Cocteaus Libretto ins Lateinische – in ein klassisches, *ciceronianisches*[252] Latein – hatte ein mit Cocteau befreundeter katholischer Geistlicher besorgt.) *Oedipus Rex*, das einzige gemeinsame Werk Strawinskys und Cocteaus, ist ein Dokument eher eines Mißverstehens als einer Zusammenarbeit.

In der Musik, die auf Opernklischees zurückgreift (eine Nähe zu Verdi hat Strawinsky selbst hervorgehoben), aber ebenso auf vereinzelte «neoklassische» Figurationen, andrerseits auf Archaisierendes, auf Religiös-Kultisches (wie das dreimalige *«Gloria»* am Schluß des 1. Aktes), fällt ein entscheidendes Merkmal auf, das sie von der «Neoklassik» drastisch abhebt: die Gleichmäßigkeit der Metrik. Starre Gleichförmigkeit, das Charakteristikum der *Oedipus*-Musik, ist das Gegenstück zur Leblosigkeit einer versteinerten Sprache. *Wenn es mir gelungen ist, das Drama in Musik*

«Capriccio»: Auszug für zwei Klaviere, 1929

einzufrieren, so wurde das weitgehend durch rhythmische Mittel erreicht.[253]

Flächige Statik des Metrums kennzeichnet auch die wenige Jahre später *«zur Ehre Gottes komponierte»* Psalmen-Symphonie; und die langsame Dreierbewegung, die dem Schlußsatz seinen prägnanten Habitus gibt, mit seinem das Unaufhörliche des Lobgesangs versinnbildlichenden In-sich-Kreisen im Ostinato der Bässe, ist ein für Strawinskys Musik ganz ungewöhnliches Zeitmaß. Vom Charakter des Ruhenden ist auch die besondere Klanglichkeit der *Psalmen-Symphonie* bestimmt, die als Gesamtwirkung den Eindruck einer statischen, komplex-rauhen Konsonanz erweckt, in der Momente der Überraschung, der «harten Fügung» ausgespart sind.

Wirft man einen Blick auf die Chronologie der Werke Strawinskys in der «neoklassischen» Phase, so markiert *Oedipus Rex* einen wichtigen Punkt: die erstmalige Rückkehr zu einer rituell geprägten Archaik lokkert die vorherige enge Bindung an die Musik des 18. Jahrhunderts; die folgenden Kompositionen greifen verschiedenartige Modelle auf (*Apollon Musagète*: die französische Klassik; *Le baiser de la fée*: Tschaikowsky; *Capriccio*: Weber; usf.). Und für Strawinskys spätere Hinwendung zu musikalischen Welten einer fernen Vergangenheit, zu den Strukturen mittelalterlicher Musik, ist in *Oedipus Rex* der Weg vorgezeichnet. Das

Gegebene der Religion, die objektive Wahrheit des Glaubens, und die Tradition der Kultur stehen für Strawinsky eng beieinander; Gegenwart schaffen bedeutet, in beidem, den Geist mit Leben zu erfüllen.

Strawinsky wehrte sich schon bald deutlich – freilich erfolglos – gegen die Etikettierung «Neoklassik», die, in grober Simplifizierung, zumeist meinte, es handle sich bei Strawinskys Musik seit dem *Bläseroktett* um Nachahmung, allenfalls um Persiflage älterer Musik, um «Bach mit falschen Noten» (wie sich sinngemäß Prokofjew über die *Klaviersonate* geäußert hat), gar um Regression, die sich als Fortschritt ausgebe. Für die Stimmung wütend erbitterter Zurückweisung, mit der man in weiten Kreisen, zumal in deutschen, auf Strawinskys Kompositionsverfahren reagierte, ist der unsägliche Text, den Schönberg für die zweite seiner «Satiren» op. 28 (1925) mit dem Titel «Vielseitigkeit» schrieb, zu trauriger Berühmtheit gelangt:

> «Ja wer tommerlt denn da?
> Das ist ja der kleine Modernsky!
> Hat sich ein Bubizopf schneiden lassen;
> Sieht ganz gut aus!
> Wie echt falsches Haar!
> Wie eine Perücke!
> Ganz (wie sich ihn der kleine Modernsky vorstellt),
> Ganz der Papa Bach!»

Dank der Breitenwirkung, die Strawinskys ebenso reiches wie unbeirrbares kompositorisches Schaffen in den zwanziger und dreißiger Jahren hatte, wurde «Neoklassik» zu einem musikalischen Stil-, ja Epochenbegriff, obwohl er auf einem Mißverständnis beruhte. (Übrigens, was die gängige deutsche Formel «Neoklassizismus» betrifft, auch auf einem sprachlichen Mißverständnis: «Neoklassizismus», «neoklassizistisch» sind Un-Wörter, nämlich falsche Übersetzungen aus dem Französischen, die sich aber im deutschen Sprachgebrauch seit den dreißiger Jahren zusehends durchgesetzt haben. Eigentümlich, daß dies anscheinend bis heute übersehen worden ist.[254])

Ich habe in der letzten Zeit sagen gehört, schrieb Strawinsky 1924, *ich würde in meinen neueren Werken zu Bach zurückkehren. Das ist nur zur Hälfte wahr. Ich entwickle mich nicht zu Bach hin, sondern zu jener lichtvollen Idee des reinen Kontrapunkts, die schon lange vor Bach existierte und für die er als Repräsentant gilt. Der reine Kontrapunkt erscheint mir als die einzig mögliche Materie, aus der man feste und dauerhafte musikalische Formen gießt (…) Heute wünsche ich die Musik zu konstruieren. Ich suche nicht mehr, den Kreis der Ausdrucksmittel der Musik zu vergrößern, ich suche das Wesen der Musik selbst zu durchdringen.* Es geht Strawinsky um

Spanische Karikatur, 1937

absolute Musik. Diese Musik ist trocken, kalt, klar und feurig wie ein extra-dry Champagner[255]: anti-expressiv. Ein ebenfalls 1924 verfaßter Artikel über sein *Oktett*[256] – ein programmatisches künstlerisches Manifest, an Strawinskys übrigen Äußerungen gemessen geradezu ein Unikum – beginnt mit der Definition: *Mein Oktett ist ein musikalisches Objekt.* Ein Objekt, dessen Form sich durch rein musikalische Gegebenheiten konstituiert: die Klangmaterialien, das *Spiel von Bewegung und Volumina*, den Kontrapunkt. *Diese Art von Musik hat kein anderes Ziel, als sich selbst zu genügen (...) Das Spiel der musikalischen Elemente ist die Sache selbst.* Wer erinnert sich hier nicht an den vielzitierten – und zu seiner Zeit ebenso umstrittenen – Satz aus Eduard Hanslicks Traktat «Vom Musikalisch-Schönen» (1854): «Tönend bewegte Formen sind einzig und allein Inhalt und Gegenstand der Musik»?

Der scheinbare Rückgriff auf die Klassik bedeutet in Wahrheit die Auseinandersetzung mit der intensivierten Hinwendung zu absoluten, rein innermusikalischen Konstruktionsprinzipien. *Mir scheint*, schreibt Strawinsky 1927 zutreffend über das gängige Etikett «Neoklassik», *daß das breite Publikum, und mit ihm die Kritik, sich damit begnügt, oberflächliche Eindrücke gewisser technischer Verfahren der sogenannten klassischen Musik zu Protokoll zu nehmen. Das macht noch nicht die Neoklassik aus; denn die Klassik selbst war keineswegs durch ihre technischen Verfahren charakterisiert, sondern vielmehr durch ihre konstruktiven Werte,* durch die *Beziehung zwischen Material und Konstruktion,* durch die *musikalische Form.*[257] *Ich bin kein Neoklassiker; ich habe mich lediglich einer strengeren Form der Konstruktion zugewandt, aber ich bin ein moderner Musiker geblieben. Die Gestrigen, das sind diejenigen, die sich immer noch in der Atmosphäre des Sacre und des Jazz bewegen. Die Stunde fordert eine Musik, in der die dekorativen Elemente vor den geistigen zurücktreten.*[258]

«Neoklassik» bedeutet nicht nur Konzentration auf das Konstruktive, vielmehr Verabsolutierung des Konstruktionsprinzips durch Auseinandersetzung mit einer bereits konstruktiv gestalteten «klassischen» Musik – es geht nicht mehr, wie in den «russischen» Werken und noch im *Pulcinella*, um Arbeit mit bloßem sozusagen vorgefundenem musikalischen Material. Das Verfahren wird komplizierter, artifizieller, der *Blick in den Spiegel* erweitert sich zur doppelten Reflexion. Allein in diesem Hervorheben einer abstrakten Idee vom Konstruktiven an sich erkennen wir heute, aus geschichtlicher Distanz heraus, unschwer eine deutliche Parallele zur gleichzeitig ausgeformten Dodekaphonie Arnold Schönbergs.

Die Neoklassik ist als Teil jener großen Zeitströmung im Musikgeschehen zu erkennen, die nach der Kriegskatastrophe, in den zwanziger Jahren, in deutschen wie in romanischen Ländern eine herausragende Rolle spielte und die man als intensive Auseinandersetzung mit der Tradition, als Suche nach Objektivität, als Bemühen um konstruktive Grundlagen charakterisieren kann. Stichworte müssen hier genügen: Bachbewegung; Entdeckung der mittelalterlichen Musik; Ferruccio Busonis Ideal einer «Jungen Klassizität»; Neue Sachlichkeit; Zwölftontechnik. (Das Konstruktive ist ein wichtiges Moment auch in den bildenden Künsten: es sei nur an den Konstruktivismus besonders der russischen Künstler – für die Paris eins der Zentren war – erinnert oder an das Phänomen «Bauhaus». Kandinskys Elementen-Lehrbuch «Punkt und Linie zu Fläche», geschrieben 1926 für die Arbeit am Bauhaus, ist ein Pendant zu Schönbergs Dodekaphonie wie zu Strawinskys Neoklassik.) Diesem Zug zum Konstruktiven, zur objektivierenden Distanz stand in den zwanziger Jahren allerdings eine kaum weniger lebhafte Tendenz zur Aktualisierung gegenüber: «Gebrauchsmusik», Jugendmusikbewegung bis hin zu Hindemiths «Plöner Musiktag», Einbeziehen von Jazz, zeitgenössische Sujets auf der Musiktheaterbühne. Das reiche und vielfältige Schaffen etwa Paul Hin-

Strawinsky und Pierre Monteux. Barcelona, 1928

demiths in Deutschland oder Darius Milhauds in Frankreich offenbart zahlreiche Aspekte dieser beiden großen Zeitströmungen.

Jedes Zeitalter, meinte Strawinsky Jahrzehnte später rückblickend, *ist eine historische Einheit. Es mag niemals als irgend etwas erscheinen, außer natürlich als ein Entweder-Oder für die zeitgenössischen Parteigänger, doch nimmt der Anschein stufenweise zu, und zur rechten Zeit werden Ent-*

weder und Oder zu Komponenten ein und derselben Sache (...) Schön-
berg, Berg und Webern der zwanziger Jahre wurden damals als extremste
Bilderstürmer bezeichnet, aber heute scheint es, daß sie die musikalische
Form wie ich benützt haben: «historisch». Habe ich sie offen angewendet,
so haben sie es sorgfältig versteckt ... [259] Das *Entweder-Oder* wurde von
den *zeitgenössischen Parteigängern* allerdings aufs schärfste formuliert;
«Neoklassizismus», wie man bald in falschem Französisch sagte, contra
Dodekaphonie war ein endloses Thema vor allem im deutschen Musik-
journalismus. Doch es war ein in Frankreich lebender Russe, der mit
Strawinsky damals befreundete Komponist Arthur Lourié, der 1928 als
erster Schönberg und Strawinsky als Protagonisten zweier wesensver-
schiedener Typen von Musik und musikalischem Denken – Lourié sprach
von «Neogotik» und «Neoklassik» – dialektisch einander gegenüberstell-
te [260]; Theodor W. Adorno hat dies in seiner 1949 erschienenen «Philosophie der neuen Musik», einem folgenschweren Buch, zum System ausge-
baut, nunmehr freilich unter dogmatischen Vorzeichen. Adornos engstir-
nige, überdies von schierer Gehässigkeit triefende Strawinsky-Kritik ent-
springt einem recht deutschen Blickwinkel. (Schönberg hat sie fairerwei-
se energisch zurückgewiesen: «... ekelhaft, nebenbei», schrieb er 1949,
«ist wie er [Adorno] Stravinsky behandelt. Ich bin gewiß kein Stravinsky-
Anhänger, obwohl mir hier und da ein Stück von ihm ganz gut gefällt –
aber so muß man nicht schreiben.» [261])

«Musikalische Poetik»

Mit Theoretischem befassen sich Komponisten – sofern sie es überhaupt
tun und es nicht vorziehen, wie Berlioz, Schumann oder Debussy, ihre
Ansichten nur indirekt zu äußern, über den Umweg der literarischen Kritik – aus unterschiedlichen Gründen. Ging es Wagner in seinem theoretischen Hauptwerk «Oper und Drama» um beredte Selbstapologie, der zuliebe er eine spezifische Re-Konstruktion der Musikgeschichte unternahm, so wollte Schönberg mit seiner «Harmonielehre» (1911), beschei-
dener, den «Kompositionsschülern eine schlechte Ästhetik» nehmen,
«ihnen dafür aber eine gute Handwerkslehre» geben, und ähnlich Hinde-
mith in seiner «Unterweisung im Tonsatz» (1937) «eine einwandfreie
Satztechnik» lehren, basierend allerdings auf dem «tragfähigen Unter-
bau» einer angeblich naturbezogenen Tonalität.

Strawinskys *Poétique musicale «in Form von sechs Vorlesungen»*,
verfaßt (unter weitgehender Mithilfe des französischen Musikers Roland-
Manuel) für die Gastprofessur auf dem Charles Eliot Norton-Lehrstuhl
für Poetik an der Harvard University (einige Jahre zuvor hatte beispielsweise T. S. Eliot dort gelesen), ist weder Handwerkslehre noch Mu-

siktheorie im üblichen Sinn, und eigentlich auch keine Musikästhetik. Trotzdem steht sie in dem Ruf, dogmatisch starre ästhetische Positionen zu verfechten, einen rigorosen Begriff von «absoluter Musik», der der Musik jeglichen Ausdrucksgehalt abspreche und, von zweifelhaftem Wert, lediglich der Einseitigkeit der «Neoklassik» entspringe; Strawinsky habe hier seine eigenen Werke, zumal die der «russischen Periode», einer theoretischen Entgleisung zuliebe verraten – das freilich sind recht oberflächliche Argumentationen, jonglierend mit einzelnen Zitaten.

In Wahrheit enthält der schmale Band die Quintessenz von Strawinskys «Nachdenken über Musik» – mit Alfred Brendel zu sprechen –; einem Nachdenken, dem, in seinen Grundzügen, Strawinsky zeitlebens treu geblieben ist, in einer Kontinuität, die sich nicht nur in seinen zahlreichen sonstigen Äußerungen zur Musik zeigt. (Strawinsky hat gern über Musik gesprochen, sehr direkt, sehr persönlich und sehr reflektiert zugleich.) Die *Poétique musicale*, begreift man sie im Kontext des musikalischen Schaffens, führt ins Innerste des ganzen Œuvres Strawinskys. Damit hat es zu tun, daß der Text – man könnte ihn als Traktat, als Versuch über die Ontologie der Musik bezeichnen – einen hohen Grad von Verbindlichkeit ausstrahlt, lebendige Fülle und einen fast religiösen Ernst künstlerischer Verantwortung; denn er ist *im Bereich des Konkreten entwickelt*[262]. (Daß nicht alle Kapitel und alle Passagen gleiches Gewicht haben, sollte kein Gegenargument sein.) Die *Poétique musicale* zeigt deutliche Verbindungslinien zu einer Tradition des Nachdenkens über Kunst, einer französischen vor allem: Parallelen zu Valéry und Apollinaire, zu Jacques Maritain, dem neothomistisch ausgerichteten Philosophen und Ästhetiker, zu Mallarmé und der Idee der *poésie pure*, aber auch zu T. S. Eliot.

«Poetik» bedeutet für Strawinsky, nicht anders als für Valéry in seiner «Introduction à la poétique», die Kunst des Machens. *Die Poetik der antiken Philosophen enthielt keine lyrischen Ergüsse über die natürlichen Anlagen und das Wesen des Schönen. Das eine Wort «techne» umschloß für sie die schönen Künste und das Handwerk und bezog sich auf die Kenntnis und das Studium gewisser festumrissener Werkregeln. Deshalb kommt die «Poetik» des Aristoteles dauernd auf die Begriffe persönliche Arbeit, Ordnung und Konstruktion zurück. Ich möchte zu Ihnen nun über die musikalische Poetik sprechen, das heißt: das Machen gemäß der musikalischen Ordnung.*[263] «Das Machen, das ‹poiein›, mit dem ich mich beschäftigen will», schrieb Valéry in seiner Pariser Poetik-Vorlesung von 1937, «ist das, was sich in einem Werk vollenden kann.»[264] Es geht Strawinsky um das, was Maritain in seiner einflußreichen Schrift «Art et scholastique» von 1918 den «werkerstellenden Verstand» genannt hat: das Schöpferische der Kunst ist auf das konkrete Werk gerichtet, ein Ziel, das wert ist, daß ihm alles Nachdenken gewidmet wird, angestrengtestes Nachdenken. Strawinskys Schlüsselbegriffe erhalten einen tiefen Sinn, der mit abstrakter Dogmatik nichts gemein hat: *Arbeit, Ordnung* und *Disziplin, So-*

lidität, Lauterkeit, Objektivität, Spekulation und *Konstruktion. Die Kunst ist ihrem Wesen nach konstruktiv. Revolution bedeutet Bruch mit dem Gleichgewicht. Wer Revolution sagt, sagt vorläufiges Chaos. Die Kunst ist jedoch das Gegenteil des Chaos.*[265] Daß Strawinsky sich dagegen wehrt, daß man ihn *als Revolutionär betrachtete*[266], ist alles andere als kokette Anbiederung oder eine bloß rhetorische Variante zahlloser ähnlicher Aussprüche von Berlioz bis Schönberg; diese Haltung entspricht seiner tiefsten Überzeugung. (Ich werde zum Schluß dieses Kapitels darauf zu sprechen kommen, daß hier auch Strawinskys persönliche Situation involviert ist: seine beständige, leidensvolle Auseinandersetzung mit seiner Heimat Rußland.)

Das konkrete Machen, *der Gedanke an das zu schaffende Werk*, bildet das Zentrum von Strawinskys Überlegungen. *Wir haben eine Pflicht gegenüber der Musik: sie zu erfinden.*[267] Wie geht dieses Machen vor sich? Polemisch stellt Strawinsky dem romantischen Künstlerbegriff in expliziter Anlehnung an Maritain das Bild des werkerschaffenden Handwerkers gegenüber: *dieser hochmütige Ausdruck* Künstler *ist in meinen Augen unvereinbar mit dem Rang des «homo faber». Bei dieser Gelegenheit müssen wir uns daran erinnern, daß in dem uns zugemessenen Bereich, wenn es wahr ist, daß wir Intellektuelle sind, unsere Aufgabe nicht darin besteht, zu philosophieren (cogiter), sondern handwerklich zu arbeiten (opérer).*[268] Das hat letztlich eine theologische Rechtfertigung: *Da ich selbst ein Geschöpf bin, kann ich nicht anders als auch den Wunsch haben, etwas zu schaffen.*[269] Ein Kunstwerk zu schaffen ist eine unbedingt konkrete Tätigkeit: *sogar die Tatsache, mein Werk zu schreiben, die Hand anzulegen (wie man zu sagen pflegt), ist für mich untrennbar mit dem Wohlbehagen der Schöpfung verbunden.*[270] Und der direkte Kontakt mit dem klingenden Instrument, die enge Verbindung des Gemachten mit dem musikalischen Hervorbringen, ist für Strawinsky, ich habe schon mehrfach darauf hingewiesen, stets ein wesentliches Moment des Komponierens.

Ein Komponist präludiert, wie ein Tier wühlt. Beide tun es aus dem Drang des Suchens. Was treibt den Komponisten dazu? Eine Regel, die er auf sich nahm wie ein Büßer? Nein: er ist auf der Suche nach seinem Wohlbehagen.[271] *Am Ursprung jeder schöpferischen Tätigkeit steht eine Art von Appetit, der den Vorgeschmack des Entdeckens erweckt. Dieser Vorgeschmack des schöpferischen Aktes begleitet die Eingebung jenes Unbekannten, das man zwar schon in sich hat, aber noch nicht greifen kann und das erst klare Gestalt annimmt durch die Mitwirkung einer wachsamen Technik.*[272] *Danach, und wirklich erst danach, entsteht jene Gefühlserregung, die der Inspiration zugrunde liegt (...) Ich denke nicht daran, der Inspiration die entscheidende Rolle abzusprechen, die ihr bei den von uns untersuchten Vorgängen zukommt: ich behaupte nur, daß sie keineswegs eine Voraussetzung für den schöpferischen Akt ist, sondern daß sie in der zeitlichen Folge eine Äußerung von sekundärer Art ist.*[273] Auch dies ist, wie die Verteidigung des «Handwerkers» gegen den «Künstler», eine deutliche Absage an einen romantischen Kunstmythos vornehmlich deutscher Provenienz – die heftig emotionalisierte Strawinsky-Kritik vor allem aus deutschen Kreisen, die in Strawinsky gern den kalten Operateur sieht, dem Gemütstiefe fehle, der angebliche Garant für wahre Kunst, ist nur verständlich.

Die Erfindung setzt den Einfall voraus, darf aber nicht mit ihm verwechselt werden. Denn die Tatsache des Erfindens umschließt die Notwendigkeit eines Einfalls (trouvaille) und einer Realisation. Was uns einfällt, nimmt nicht unbedingt konkrete Gestalt an, es kann im Zustand der Anregung verbleiben; die Erfindung hingegen ist nicht denkbar ohne ihre Gestaltwerdung. Was uns hier beschäftigt, ist also nicht der Einfall an sich, sondern der schöpferische Einfall: die Fähigkeit, die uns hilft, von der Konzeption zur Realisation zu gelangen.[274] *Die schöpferische Fähigkeit ist uns niemals allein gegeben. Sie ist stets mit der Gabe der Beobachtung verbunden. Und man erkennt den wahrhaft schöpferischen Menschen daran, daß er überall etwas findet, was der Beachtung wert ist (...) Stets gibt es in seiner Umgebung etwas zu entdecken. Es genügt, wenn er umherblickt. Was bekannt, was überall ist, regt ihn an. Der geringste Zufall fesselt ihn und wirkt auf seine Arbeit ein (...) Man kann einen Zufall nicht schaffen: man bemerkt ihn, um sich daran zu inspirieren. Das ist vielleicht die einzige Sache, die uns wirklich inspiriert.*[275]

Die Entstehung des Werkes ist die schrittweise Entdeckung seiner jeweiligen konkreten Gestalt. *Ein Werk offenbart und rechtfertigt sich also durch das freie Spiel seiner Kräfte. Es steht uns frei, diesem Spiel beizustimmen oder nicht, aber es steht niemandem zu, die Tatsache seiner Existenz zu bestreiten. Es ist daher offenkundig nutzlos, das Prinzip des spekulativen Willens, aus dem jeder schöpferische Akt hervorgeht, anfechten, kritisieren oder beurteilen zu wollen. Im reinen Zustand ist die Musik ein freies Forschen des Geistes.*[276] *Vergessen wir nicht, was geschrieben steht: Der Geist weht, wo er will. Was wir aus diesem Satz festhalten müssen, ist vor allem das Wort «will». Der Geist ist also mit der Fähigkeit des Wollens begabt; dieses Prinzip des spekulativen Wollens ist Tatsache.*[277]

Das Wesen der Musik, folgerichtig, ist für Strawinsky in diesem gestaltgebenden Willen begründet: *das musikalische Phänomen ist nichts anderes als ein spekulatives Phänomen (...) Die Elemente, auf die notwendigerweise diese spekulative Tätigkeit zielt, sind die Elemente des Tones und der Zeit. Die Musik ist jenseits dieser zwei Elemente nicht denkbar.*[278] Zu Beginn des zweiten, des streng theoretischen Kapitels der *Poétique musicale* betont Strawinsky den elementaren Unterschied zwischen quasi-musikalischen Naturgegebenheiten und dem Kunsthaften der Musik. *Das Rascheln der Bäume im Wind*, das *Rauschen des Baches*, der *Gesang eines Vogels*: diese tönenden Erscheinungen gemahnen uns an Musik, aber sie sind keine Musik (...) *Es bedarf eines Menschen, um diese musikalischen*

Verheißungen zu erfüllen. Eines Menschen, der gewiß für alle Stimmen der Natur empfänglich ist, aber außerdem noch das Bedürfnis hat, diese Dinge in Ordnung zu bringen und dafür speziell begabt ist. Unter seinen Händen kann alles das, was ich nicht als Musik gelten ließ, Musik werden.[279] Selbst im Hinblick auf den bereits musikalischen Ton verweist Strawinsky, wie schon manche Musiktheoretiker vor ihm, auf die Ungleichheit von Natur und musikalischem Material: Tonskala und Konsonanz nämlich hängen nur bis zu einem gewissen Grad mit einer natürlich-physikalischen Gegebenheit, der sogenannten Obertonreihe, zusammen.

Die Ordnung der Töne, das eine Grundelement der Musik, reduziert sich für Strawinsky – dem die Unterscheidung zwischen Konsonanz und Dissonanz, wie jedem guten Historiker, bloß eine relativ gültige ist – auf das Prinzip der *Folge von Spannungen* um *gewisse Anziehungspole. Die Tonalität ist nur ein Mittel, um die Musik nach diesen Polen zu orientieren.*[280] *Was uns beschäftigt, ist also weniger die Tonalität im strengen Sinne des Wortes als das, was man die Polarität des Tones, eines Intervalls oder selbst eines Klangkomplexes nennen könnte. Der tonale Pol bildet in gewisser Weise die Hauptachse der Musik (...) Komponieren bedeutet für mich*, so ein oft mißverstandener Satz, *eine gewisse Zahl von Tönen nach gewissen Intervallbeziehungen zu ordnen.* Er geht jedoch aus den vorigen Überlegungen mit logischer Klarheit hervor; und so fährt der Text auch fort: *Diese Bemühung zwingt mich dazu, den Mittelpunkt zu suchen, an dem die Tonreihe zusammenläuft, die ich bei meiner Untersuchung verwende. Ich muß also, wenn ein Mittelpunkt vorhanden ist, eine Kombination suchen, die zu ihm hinführt, oder aber, wenn nur eine Kombination ohne genaue Bestimmung gegeben ist, den Mittelpunkt fixieren, zu dem sie hindrängen muß.*[281]

In der *Ordnung der Zeit* sucht Strawinsky nach einem analogen Grundelement. In Anlehnung an den russischen (ebenfalls nach Frankreich emigrierten) Philosophen Pierre Souvtchinsky postuliert Strawinsky den Begriff einer «ontologischen Zeit» (was dieser für die Musik bedeute, steht freilich dahin), der er eine «psychologische Zeit» gegenüberstellt. *Die an die ontologische Zeit gebundene Musik wird gewöhnlich vom Prinzip der Analogie beherrscht. Die zur psychologischen Zeit sich bekennende Musik arbeitet gern mit Kontrasten. Diesen beiden Prinzipien, die den schöpferischen Vorgang bestimmen, entsprechen die Grundbegriffe der Mannigfaltigkeit und der Einheit.*[282]

Der Wunsch nach Abwechslung ist vollkommen legitim, aber man darf nicht vergessen, daß die Einheit der Vielfalt vorausgeht (...) Für den Komponisten wird es also am besten sein, wenn er die Haltung eines Menschen einnimmt, der sich der Hierarchie der Werte bewußt ist und seine Wahl treffen muß. Die Mannigfaltigkeit hat nur Wert als Folge der Analogie. Sie umgibt mich von allen Seiten. Ich habe also nicht zu befürchten, daß sie mir fehle, da ich ihr stets begegne. Der Kontrast ist überall; er entspricht der ungeordneten Fülle der Natur. *Die Analogie aber ist verborgen, man muß sie entdecken, und ich entdecke sie nur mit äußerster Anstrengung (...) Die Analogie entsteht aus dem Willen zur Einheit.*[283] In der Ordnung der Töne wie in der Ordnung der Zeit ist der kunsthaften Einheit mit konstruktiven Verfahren nachzuspüren, unter dem Leitgedanken der Ordnung.

Konsequenterweise *besteht die Funktion des Schöpfers darin, daß er die Grundelemente, die ihm die Einbildungskraft zuträgt, aussiebt, denn die menschliche Aktivität muß sich selbst Grenzen auferlegen. Je mehr die Kunst kontrolliert, begrenzt und gearbeitet ist, umso freier ist sie (...) Wenn mir alles erlaubt ist, das Beste und das Schlimmste, wenn nichts mir Widerstand bietet, dann ist jede Anstrengung undenkbar, ich kann auf nichts bauen, und jede Bemühung ist demzufolge vergebens (...) Meine Freiheit besteht also darin, mich in jenem engen Rahmen zu bewegen, den ich mir selbst für jedes meiner Vorhaben gezogen habe. Ich gehe noch weiter: meine Freiheit wird umso größer und umfassender sein, je enger ich mein Aktionsfeld abstecke und je mehr Hindernisse ich ringsum aufbaue. Wer mich eines Widerstands beraubt, beraubt mich einer Kraft. Je mehr Zwang man sich auferlegt, umso mehr befreit man sich von den Ketten, die den Geist fesseln.*[284] Die Freiheit des Schöpferischen entfaltet sich innerhalb festgelegter Grenzen. Daß Strawinsky so komponiert hat, ist bekannt, und er selbst hat oft genug betont, wie sehr ihm das Vergnügen mache. *«Die Kunst»,* sagte Leonardo da Vinci, *«entsteht aus dem Zwang und stirbt durch die Freiheit.» Wer sich nicht unterwirft, pocht auf das Gegenteil und unterdrückt den Zwang durch die stets enttäuschte Hoffnung, in der Freiheit das Prinzip der Kraft zu finden.*[285] *Alles in allem: für den klaren Aufbau eines Werkes – für seine Kristallisation – ist es entscheidend, daß alle dionysischen Elemente, welche die Vorstellungskraft des Schöpfers anregen und den nährenden Saft hochtreiben, rechtzeitig, bevor sie Fieber in uns hervorrufen, gezähmt und schließlich dem Gesetz unterworfen werden – dies ist Apollons Befehl.*[286]

Eine Kompositionsweise, die sich nicht selbst ihre Grenzen abzeichnet, wird reine Phantasie[287]: sie verliert sich an die *Willkür der Laune*[288], an den *Kult der Unordnung*[289], an das Chaos, das Ungestaltete. Als Paradigma für eine solche Kompositionsweise, die er verabscheut, versteht Strawinsky das Werk Richard Wagners, gegen das er in mehreren Passagen der *Poétique musicale* Attacken führt, deren Heftigkeit durchaus die Linie der französischen Wagner-Kritik fortsetzt, die scharfen Invektiven Debussys oder Cocteaus etwa.

Der Dialektik von Freiheit und Begrenzung entspricht die innere Dialektik des Traditionsbegriffes. Die Geschichte der Kunst reduziert sich für Strawinsky nicht auf einen Begriff von Entwicklung; sie konstituiert sich, was etwas anderes ist, in einer Kontinuität des Schöpferischen. *Meister, die durch ihre Größe die Gesamtheit ihrer Zeitgenossen überragen, erscheinen als mächtige Feuerherde – Leuchttürme, wie Baudelaire sie nennt –, aus*

deren Licht und Wärme sich eine Gemeinsamkeit von Tendenzen entwik-
kelt, die den meisten ihrer Nachfolger gemeinsam sind und die dazu beitra-
gen, jenes Bündel von Traditionen zu formen, aus denen eine Kultur sich
zusammensetzt.[290] Eben durch die schöpferischen Taten entsteht dabei im
Konkreten ein fortwährender Wandel: *Die Tradition ist etwas ganz ande-*
res als eine Gewohnheit, und wäre sie selbst ausgezeichnet, denn die Ge-
wohnheit ist (der Erklärung nach) etwas unbewußt Erworbenes, das die
Tendenz hat, mechanisch zu werden, während die Tradition aus einer be-
wußten und wohldurchdachten Vorliebe entsteht. Die wahre Tradition ist
nicht Zeuge einer abgeschlossenen Vergangenheit; sie ist eine lebendige
Kraft, welche die Gegenwart anregt und belehrt. In dieser Hinsicht ist das
paradoxe Wort wahr, daß alles, was nicht Tradition ist, Plagiat ist. Weit
davon entfernt, die Nachahmung des Gewesenen zu bedeuten, setzt die Tra-
dition die Realität des Dauernden voraus. Sie gleicht einem Familienbesitz,
einem Erbe, das man unter der Bedingung erlangt, daß man es fruchtbrin-
gend erhalte, bevor man es an seine Nachkommen übergibt[291] – eine Anspielung auf Goethes bekannten Zweizeiler wie auf das biblische Gleich-
nis vom «Wucher» mit dem «Talent», und im Grundsatz, daß jedes neue
Werk das Gewohnheitsmäßige aufbrechen müsse, mit der Kunsttheorie
des russischen Formalismus übereinstimmen.

Tradition ist etwas anderes als bloße Geschichte: während diese *uns* nur
verstreute Dinge liefert[292], *tote Realität*[293], bedeutet Tradition lebendiges
Schöpfertum; und insofern ist *der Sinn für die Tradition*, wie ja das Schöpferische selbst, *ein Naturbedürfnis*[294]. So löst sich auch das scheinbare Pa-
radox auf, daß gerade der Rückgriff auf das Alte – Strawinsky zitiert hier
Verdis berühmten Ausspruch «Torniamo all'antiche e sarà un progres-
so»[295] – hilft, sich von dem bloß gewohnheitsmäßigen geschichtlichen
Ballast, vom *lastenden Erbe*[296] zu befreien. Strawinskys Traditionsbegriff
führt so ins Zentrum seines Schaffens überhaupt, wie der Musikhistoriker
Leo Schrade in einem bemerkenswerten Aufsatz[297] ausgeführt hat: als
unmittelbare Erfahrung des Lebendigen in aller Musik. *Ich kenne die*
Mentalität der Konservatoren und Archivare der Musik zur Genüge,
schreibt Strawinsky in den *Chroniques* anläßlich *Pulcinella*; *sie wachen*
eifersüchtig über ihre Aktenstöße, die die Aufschrift tragen: Berühren ver-
boten. Niemals stecken sie selber die Nase hinein, und sie verzeihen es kei-
nem, wenn er das verborgene Leben ihrer Schätze erneuert, denn für sie
sind das tote und heilige Dinge. Nein, ich habe ein reines Gewissen bei dem
Gedanken an ein Sakrileg, und ich bin vielmehr der Meinung, daß meine
Haltung gegenüber Pergolesi die einzig fruchtbare ist, die man alter Musik
gegenüber einnehmen kann.[298]

Daß Tradition als offenes Problem verstanden wird, daß sie kostbar,
fragil erscheint in ihrer Nicht-Selbstverständlichkeit: vielleicht ist das
auch ein speziell russisches Problem. (Man halte dagegen, wie vergleichsweise naiv ungebrochen Schönberg den Traditionsbegriff faßte: ihm ging

es ganz selbstverständlich um geschichtliche Kontinuität und um Legitimation des eigenen Schaffens durch eben diese Kontinuität. Diese Legitimation durch Kontinuität zu erbringen, war das Ziel seines Brahms-Aufsatzes von 1933, und von der Dodekaphonie sagte Schönberg 1921, damit habe «er etwas gefunden, das der deutschen Musik die Vorherrschaft für die nächsten hundert Jahre sichere»[299] – das ist eine Einstellung gegenüber der Geschichte, wie sie bei Strawinsky undenkbar wäre.)

Da ist zum einen die immer wieder frappierende, wenngleich im konkret Biographischen schwer zu verankernde Parallele zwischen der Literaturtheorie des russischen Formalismus und Strawinskys ästhetisch-kompositorischen Verfahren, auf die ich schon mehrfach hingewiesen habe. Zum andern gibt das 5. Kapitel der *Poétique musicale*, das der russischen Musik gewidmet ist, zu Überlegungen Anlaß, die mehr mit Strawinskys persönlicher Situation zu tun haben. Als Ergebnis der russischen Revolution, die ihr Ziel, nämlich die wahre Erneuerung, verfehlt habe, sieht Strawinsky *Unordnung*, die bloß das Pendant zur vorrevolutionären Situation sei: es gibt *zwei Rußlande, ein Rußland der Rechten und ein Rußland der Linken, die zwei Arten von Unordnung verkörpern: die konservative Unordnung und die revolutionäre Unordnung.*[300] (Von hier aus wird begreiflich, warum für Strawinsky «Revolution» und «Chaos» auch in der Kunst fast synonyme Begriffe sind.) *Eine Erneuerung ist nur dann fruchtbar, wenn sie Hand in Hand mit der Tradition vor sich geht. Die lebendige Dialektik gebietet, daß Erneuerung und Tradition sich in einem gleichzeitigen Vorgang entwickeln und stützen. Rußland aber hat nur Konservativismus ohne Erneuerung oder Revolution ohne Tradition erlebt, es ist niemals fähig gewesen, seine Kultur zu stabilisieren, noch seine Tradition zu konsolidieren. Es steht wie seit jeher am Scheideweg, mit dem Gesicht nach Europa und doch ihm den Rücken kehrend.*[301] Tief *verwirrt* durch *Rußlands Taumeln durch die Geschichte,* durch *jenes erschreckende Taumeln durch den leeren Raum, das mir stets den Kopf benahm*[302], sucht Strawinsky zweifellos mit seiner Interpretation des Traditionsbegriffs nicht nur für sich persönlich einen Rückhalt, er sucht stellvertretend für sein Heimatland – aus dem er sich seit 1917 exiliert fühlte – das Problem der russischen Kultur zu lösen. Insofern ist natürlich die «Neoklassik», datiert man ihr markantes Einsetzen ins erste Nachkriegsjahr mit *Pulcinella*, als künstlerisches Phänomen untrennbar mit dem Zeitgeschehen verknüpft. Und obwohl Strawinsky sich grundsätzlich als Unpolitischen verstand, hatte er doch zunächst, Ramuz hat es beiläufig überliefert, an die Oktoberrevolution begeistert optimistische, ja utopische Erwartungen gerichtet; in den zwanziger Jahren aber, wie erst kürzlich bekannt wurde, liebäugelte er unverblümt mit der «Ordnung» in Mussolinis Faschismus.[302a] Auch das ist ein Aspekt von «Neoklassik» – makaber, doch nicht ganz unfaßbar.

Amerika

Die zweite Exilheimat

Im September 1939 fuhr Strawinsky nach Amerika, um seine Gastprofessur an der Harvard University anzutreten. Als glückliche Fügung des Schicksals muß er es empfunden haben, auf diese Weise den beginnenden Kriegswirren entfliehen zu können, die ihn, nächste Freunde haben es bezeugt, in unbeschreibliche Ängste stürzten. «Er wollte nichts als so schnell wie möglich hinauskommen, aus Paris, aus Europa, nach Amerika, wo das Leben noch geordnet war», schrieb Nicolas Nabokov.[303] Einmal in Amerika, gab es auch keinen Gedanken mehr an Rückkehr. Strawinsky setzte sich beim amerikanischen Botschafter in Paris dafür ein, daß Vera Sudeikina das Visum erhielt; im Januar 1940 traf die geliebte Freundin in New York ein, zwei Monate später, sie war inzwischen von Sudeikin geschieden, wurde geheiratet, im April 1941 bezogen die Strawinskys ein Haus in Hollywood, das sie erworben hatten (für die kalifornische Küste hatte Strawinsky sich aus gesundheitlichen Gründen längst entschieden) und in dem sie fast fünfundzwanzig Jahre lang lebten.

Strawinskys zweite Ehe war glücklich bis zum letzten Tag. «‹Wo ist Vera? Malt sie?› Das war regelmäßig Igor Strawinskys erste Frage, wenn er aus seinem Arbeitszimmer auftauchte; und die Antwort, in der Tat male sie, versicherte ihm, daß im Mittelpunkt seiner Welt alles in Ordnung war. Denn die Ehe zwischen der hochgewachsenen, sanften, ruhigen, mit weicher Stimme sprechenden und durch und durch weiblichen Frau und dem kleinen, mageren, ängstlichen, basso profondo- und maskulinen Mann war eine nahezu vollkommene Verbindung. Wenn die beiden sich in ihren Vorlieben und Abneigungen nicht ergänzten, so nur deshalb, weil es dieselben waren: ihre Liebe zu Vögeln und Blumen zum Beispiel, zu Haustieren und zu Bildern. Täglich pflegte Vera Strawinsky eine Liste von Besorgungen und geschäftlichen Erledigungen zu erstellen, und täglich pflegte Strawinsky an ihre Spitze zu schreiben: Als erstes mußt Du mich küssen.»[304] Nach der Ansiedlung in Hollywood begann Vera Strawinsky wieder zu malen (sie arbeitete in vielerlei, auch in selbst entwickelten Techniken), eröffnete eine Galerie, hatte Ausstellungen. Strawinsky, obgleich kritisch, liebte ihre Kunst; voller Stolz zitierte er in ei-

Vera und Igor Strawinsky. New York, 1948

nem seiner Bücher aus dem Katalogvorwort, das Aldous Huxley für eine Ausstellung geschrieben hatte.

Das Haus am North Wetherley Drive – alles eher als eine Luxusvilla, «in Wahrheit bloß ein Bungalow» (Vera S.) – war bis zum Dach gefüllt mit Büchern, mit Kunstgegenständen und persönlichen Erinnerungsstücken aller Art von russischen Ikonen, präkolumbianischen Statuetten bis zu Karikaturen, Fotografien, seltenen Muscheln und anderen objets trouvés. «Jeder Raum», so beschrieb Vera Strawinsky das Haus 1962 in einem Brief an eine Moskauer Cousine, «ist eine Bibliothek, denn wir

Igor und Vera Strawinsky. Hollywood, 1954

haben mehr als zehntausend Bücher.»[305] Strawinsky war seit jeher ein leidenschaftlicher Leser, war von unerschöpflicher Neugier, begabt mit außerordentlichem Intellekt und scharfer Beobachtungsgabe; bis in seine letzten Tage blieb der Horizont seiner geistigen Interessen so weit gesteckt wie bei wohl keinem anderen Künstler seiner Zeit.

Das Hollywood der Kriegsjahre, eine zweite Heimat für viele exilierte europäische Künstler und Intellektuelle, charakterisierte Thomas Mann einmal als eine intellektuell anregendere und stärker kosmopolitische Stadt als es Paris oder München jemals gewesen seien. Mann, der damals seinen «Doktor Faustus» schrieb und dessen gesellschaftlicher Umgang daher vielfach, «wie von ungefähr, musikalisch bestimmt» war, verkehrte mit Strawinsky wie mit Schönberg; Theodor W. Adorno («dieser merkwürdige Kopf», der «die berufliche Entscheidung zwischen Philosophie und Musik sein Leben lang abgelehnt hat») fungierte als sein Hauptratgeber. Strawinskys Leben in den ersten Jahren des Exils schildert Robert Craft, der 1948 in sein Haus kam: «Die Sprache, die Freunde, der Charakter des Heims waren fast ausschließlich russisch. Die engsten Freunde der Strawinskys im Los Angeles der frühen vierziger Jahre waren Russen – Balanchine, Eugene Berman, Adolph Bolm, Vladimir Sokoloff –, Russen waren auch die Ärzte, die Köche, die Gärtner und die Schneiderinnen. Der übrige Kreis um den Komponisten bestand weitgehend aus Flüchtlingen – den Werfels, Szigetis, Montemezzis, Castelnuovo-Tedescos, Rubinsteins und anderen, nicht so bekannten –, mit denen Strawinsky französisch oder deutsch sprach.»[306] Auch Nadja Boulanger gehörte dazu, der polnische Komponist Alexandre Tansman, Nicolas Nabokov, der in seinem Erinnerungsbuch so köstlich über Strawinsky geschrieben hat, und als einziger der deutschen Komponisten, die im kalifornischen Exil lebten, Ernst Krenek.

Wie früher, so spielten auch jetzt in Amerika Literaten eine besondere Rolle in Strawinskys Leben. Aldous Huxley, *der aristokratischste Mann, den ich jemals kannte*[307] – ihm war er schon 1925 begegnet –, gehörte in den vierziger und fünfziger Jahren zu Strawinskys engsten Freunden; intimen Umgang pflegte er auch mit Christopher Isherwood (dessen nachdenklich-ironisches Buch «Goodbye to Berlin», das Strawinsky schätzte, später für den Erfolgsfilm «Cabaret» verwertet wurde) und mit Gerald Heard. Strawinsky wählte, auf Huxleys Rat, W. H. Auden als Autor des Librettos zu der Oper *The Rake's Progress*, an der er seit 1947 schrieb, anfangs in enger Zusammenarbeit mit Auden, der auch für einige Zeit bei Strawinsky wohnte. Der Poet, persönlich offenbar etwas schwierig, *faszinierte und entzückte* Strawinsky gleichwohl *von Tag zu Tag mehr (...) Jede technische Frage, beispielsweise der Versifizierung, weckte sein leidenschaftliches Interesse (...) Alles, was er über Kunst äußerte, war gewissermaßen sub specie ludi gesagt.*[308] Strawinsky fand seine Neigungen in seinem Gegenüber wieder. Über Auden wurde er mit dem walisischen Dichter Dylan Thomas bekannt. Nachdem das Projekt eines *Kurzfilms, einer Art Maskenspiel, aus einer Szene der Odyssee* – Musik von Strawinsky zu Versen von Thomas – gescheitert war, kam 1953 ein Auftrag von der *Universität Boston (...), zusammen mit Dylan eine Oper zu schreiben (...) Dylan besuchte mich. Sobald ich ihn sah, wußte ich, daß es nur eine Alternative gab: ihn gern zu haben (...) «Seine» Oper sollte von der Wiederentdeckung unseres Planeten nach einer atomaren Katastrophe handeln. Es gäbe eine Auffrischung der Sprache, nur daß diese neue keine Abstraktionen kennen würde. Es würde nur Menschen, Gegenstände und Worte geben (...) Er war damit einverstanden, mich in Hollywood zu besuchen, sobald er könnte. Als ich dorthin zurückkehrte, ließ ich ein Zimmer für ihn ausbauen (...) Ich erwartete ein Telegramm mit der Ankunftszeit des Flugzeugs. Am 9. November kam das Telegramm. Es stand darin, daß er gestorben war*, noch keine vierzig Jahre alt. *Ich konnte nur noch weinen.*[309]

Mit dem Werk von T. S. Eliot war Strawinsky schon lange vertraut, bevor er, im Jahre 1956, den Schriftsteller persönlich kennen und schätzen lernte. Daß insbesondere Eliots, des Angloamerikaners im Wortsinn, tiefes Bemühen um Tradition ihn beeinflußt hat, zeigt spätestens die *Poétique musicale.* 1962 komponierte Strawinsky das *Anthem* auf Verse aus Eliots Gedichtzyklus «Four Quartets». Als Eliot 1956 starb, schrieb er in memoriam des Dichters – *ich verehrte Eliot nicht nur als Poeten und Zauberer der Worte, sondern als den wahren Schlüsselbewahrer der Sprache*[310] – den *Introitus* (über den betreffenden Text aus der katholischen

«Requiem»-Liturgie). Auch zwei anderen befreundeten Schriftstellern setzte Strawinsky musikalische Epitaphien, Dylan Thomas (*In memoriam Dylan Thomas, 1954*) und Aldous Huxley, der 1963, am Tag der Ermordung des amerikanischen Präsidenten Kennedy, starb (*Variations*, 1963–64).

Zu einer wichtigen Figur in Strawinskys vierter Lebensphase wurde der amerikanische Musiker Robert Craft, der, gerade Anfang Zwanzig, lebhaft interessiert an aller neuen Musik und besonders an Strawinskys wie an Schönbergs Werk, 1947 in New York unorthodoxe Kammerkonzerte leitete und dort die im Druck damals nicht erhältlichen *Symphonies für Bläser* aufführen wollte. Über Auden wurde im März 1948 die persönliche Bekanntschaft mit Strawinsky vermittelt. Craft kam bald darauf als Assistent in Strawinskys Haus; eine seiner ersten Aufgaben war die Ordnung und Katalogisierung umfangreicher Manuskriptmaterialien. Von da an war Craft, «fast ein Adoptivsohn von ihnen» (Maria Huxley 1951), mit den Strawinskys aufs engste assoziiert. Bei den über hundert Konzertprogrammen, die Strawinsky von 1957 bis 1967 – nachher dirigierte er nicht mehr – absolvierte, trat er jeweils die Hälfte an Craft ab, *der ein sehr guter und aktiver Dirigent meiner Werke ist, der alten, der neuen, und sogar der*

Strawinsky in seinem Arbeitszimmer in Hollywood, 1945

Strawinsky vor seinem Haus in Hollywood, 1946

noch nicht geschriebenen, wie Strawinsky, der Craft mit Pierre Monteux und Fritz Reiner zu den *drei besten Dirigenten meiner Musik* zählte, 1959 anerkennend äußerte.[311]

Crafts Initiative vor allem ist es zu verdanken, daß ab 1958 – im Zusammenhang mit Strawinskys 75. Geburtstag – die zahlreichen «Konversations»-Bücher erschienen, die für das Verständnis von Strawinskys Leben und Werk so außerordentlich erhellend sind, gerade weil hier, Strawinsky selbst hat es einmal hervorgehoben, das Spontane der Diktion durch eine literarische Überformung relativ wenig verändert ist. Auch seine früheren Schriften – *Chroniques*, *Poétique musicale* – hatte ja Strawinsky nicht selbst ausformuliert, doch hielt er damals die durchaus nicht geringe Hilfe der Mitautoren im Verborgenen. Im Falle der «Konversationen» aber machte er kein Hehl aus Robert Crafts Anteil: *Er hat das Buch geschrieben*, sagte Strawinsky 1958, *es ist seine Sprache, seine Darstellung, sein Ideenreichtum und sein Erinnerungsvermögen, und ich schütze nur mich selbst, wenn ich nicht wünsche, es habe den Anschein, ich würde so schreiben. Es ist nicht nur einfach eine Frage von «ghostwriting», es geht um jemand, der weitgehend mich kreiert.*[312] Craft hingegen versichert, vielleicht allzu bescheiden, lediglich die «Präsentation» der Texte sei sein Anteil.[313] Wie dem auch sei: ganz gewiß sind die Texte autorisiert; Zweifel an der Authentizität, wie sie jüngst gelegentlich geäußert werden, erscheinen nicht gerechtfertigt. (Vielleicht rühren solche Zweifel aus einer gewissen Unübersichtlichkeit – der Inhalt der diversen Bücher überschneidet sich öfters, wobei die Formulierungen im einzelnen oft unterschiedlich sind; dieser Umstand, für den Benutzer etwas unerfreulich, dürfte mit urheberrechtlichen Gründen, d. h. mit finanziellen Überlegungen zu tun haben.) Craft selbst hat ein Jahr nach Strawinskys Tod einen Band mit Tagebuchnotizen veröffentlicht, der jedoch nach seinen Angaben nur etwa ein Drittel des gesamten Materials enthält.

Strawinskys erste Komposition auf amerikanischem Boden, nachdem er die *Symphonie in C* zum Abschluß gebracht hatte, war ein *Tango*. In einem Arrangement – das nicht von Strawinsky stammte – spielte ihn Benny Goodman vor «zehntausend Jitterbugs, die nur gekommen waren, Benny Goodman zu hören»[314]. Ein seltsamer Einstand. Und fast noch

Strawinsky und W. H. Auden während einer Probe zu
«The Rake's Progress». Mailand, 1951

Strawinsky, Robert Craft (stehend),
Pierre Boulez. Hollywood, 1957

seltsamer: wenige Wochen danach, im August 1941, schickte Strawinsky sein Arrangement des «Star Spangled Banner», der amerikanischen Nationalhymne, an einen Verleger und schrieb im Begleitbrief unverblümt: *Meine Hoffnung und mein Wunsch ist es, daß der Congress eines Tages meine Harmonisierung per Beschluß zur Norm erheben wird (...) Mein Originalmanuskript, in Goldprägearbeit gebunden, wird Präsident Roosevelt überreicht werden ...*[315] Erklären läßt sich solches nur aus einem Gefühl tiefer Unsicherheit, das Strawinskys Existenz in den ersten Jahren seines zweiten Emigrantendaseins prägte, einer Unsicherheit, die auch in das Werk eingehen mußte. Die Liste der in den Kriegsjahren entstandenen Kompositionen – vom *Tango* bis zum *Ebony Concerto* –, in der sich nur ein einziges Hauptwerk befindet (die *Symphonie in drei Sätzen*), ist von einer Disparatheit, einer zusammenhangslosen Buntheit, wie sie sich in keinem anderen Lebensabschnitt Strawinskys wiederfindet – eine verzweifelt deutliche Spiegelung der Heimatlosigkeit. Auch Strawinsky mußte, wie die Mehrzahl der Emigranten, unter denen er nicht die einzige europäische Berühmtheit war, die Erfahrung machen, daß Amerika zwar Freiheit bot, aber die Sorge um den «Markt» der Initiative des einzelnen überließ. (Schönbergs Schicksal in Amerika, noch mehr das des unglücklichen Bartók, der in New York zugrundeging, sind hierfür drastische Beispiele.)

Ein ganz realer Grund für die gewisse Hektik, mit der Strawinsky sich mit zum Teil eigenartigen Auftragsarbeiten befaßte – so hat man sich zur Genüge über die *Circus Polka* mokiert, die er 1942 für den New Yorker Zirkus Barnum & Bailey schrieb, zu einem Elefantenballett, das aber immerhin Balanchine «choreographierte» –, war die prekäre Copyright-Situation. Strawinskys frühere Werke wurden zwar in Amerika natürlich häufig gespielt, aber er erhielt keine Tantiemen. Das änderte sich erst, als Strawinsky amerikanischer Staatsbürger geworden war (Dezember 1945) und der Verlag Boosey & Hawkes Strawinskys Werke aus der «Edition Russe de Musique» übernahm; Strawinsky ließ in den Folgejahren von fast allen Kompositionen, die vor 1931 entstanden sind, neue Bearbeitungen publizieren, die nunmehr auch in den USA urheberrechtlich geschützt waren. *Diese Fassungen variieren von einer gänzlichen Umarbeitung wie bei «Petruschka» und den «Symphonies für Bläser» bis zur bloßen*

«Symphonie in drei Sätzen»: aus den Skizzen zum 1. Satz. 1942

Um 1955

*Berichtigung von Druckfehlern, wie bei «Capriccio» und der «Psalmen-
symphonie».*[316]

Strawinsky und das Geld: das ist freilich ein altes Thema, um das sich
zahllose Anekdoten ranken. Schon Diaghilew pflegte zu höhnen: das
«-or» in «Igor» heiße «Gold»; Strawinskys Knauserigkeit in Kleinigkeiten
– er notierte sich die lächerlichsten Unkosten – war notorisch. Rolf Liebermann aber, mit Strawinsky in seinen späteren Jahren befreundet, hat
sehr hübsch das Ambivalente in Strawinskys Beziehung zum Geld ge-
schildert: «Mit seinem scharfgeschnittenen Gesicht, das an gotische Was-
serspeier erinnerte, seiner außerordentlichen Intelligenz und seinem
frappierenden Charme verband er in sich die Freigebigkeit eines russi-

schen Großfürsten mit der knickerigen Habgier eines Wucherers. Er konnte das Geld zum Fenster hinauswerfen, aber der Verlust eines Dollars raubte ihm den Schlaf. Daher hatten unsere Geschäftsbeziehungen manchmal etwas äußerst Komisches. 1955 traf ich ihn in Venedig, um im Auftrag des Hamburger Rundfunks eine Chor-und Orchesterpartitur zu bestellen.» (Es handelte sich um *Threni*.) «Ich konnte ihm ein Angebot von zehntausend Dollar unterbreiten, das er ohne weiteres annahm. Doch am nächsten Morgen um sieben wurde ich durch einen Anruf unseres gemeinsamen Freundes Nicolas Nabokov geweckt. ‹Hör zu›, sagte er, ‹Igor hat die ganze Nacht kein Auge zugetan. Er will tausend Dollar mehr und traut sich bloß nicht, es dir zu sagen.› Nun wäre es töricht gewesen, auf ein Werk Strawinskys wegen eines Mehrbetrages zu verzichten, den unsere Hamburger Mäzene im Handumdrehen aufbringen konnten, und im Laufe desselben Vormittags kamen die zusätzlichen tausend Dollar denn auch zusammen. Igor lud uns hocherfreut ins beste Restaurant der

Strawinsky und Nicolas Nabokov. Berlin, 1956

1951

Stadt ein, wo er kistenweise Champagner und Berge von Kaviar auffahren ließ. Natürlich gingen die tausend Dollar dabei wieder drauf – aber er hatte seinen Preis durchgesetzt!»[317]

Mit dem Geldproblem – und natürlich schon damit, daß er in Hollywood lebte – hat es zu tun, daß sich Strawinsky in den vierziger Jahren mit mehreren Filmprojekten befaßte, die aber allesamt nicht realisiert wurden. *Meine «Four norwegian moods» waren ursprünglich einem Film über die Nazi-Invasion in Norwegen zugedacht, und mein «Scherzo à la russe» wurde als Musik zu einem anderen Kriegsfilm, diesmal mit russischem Hintergrund, begonnen. Beide Partituren sind für den Konzertgebrauch unverändert geblieben, nur das «Scherzo» habe ich später einmal für die Paul Whiteman-Kapelle neu instrumentiert.*[318] Ursprünglich für einen Film von Orson Welles schrieb Strawinsky die Musik, die dann zum Mittelteil der *Ode* wurde; und der nachmalige 2. Satz der *Symphonie in drei Sätzen* war, auf Werfels Wunsch, für die Szene «Erscheinung der Jungfrau» in dem Film «Das Lied der Bernadette» komponiert worden. *Ich konnte Musik für Filme nur als Gelegenheitsmusik auffassen (...) Es ist mir durchaus klar, daß diese Auffassung von der Filmindustrie nicht geteilt werden kann, aber mehr kann ich nun einmal nicht zugestehen, und ich darf mich wahrscheinlich nur glücklich schätzen, daß keiner der Vorschläge, die mir Hollywood machte, vertragsreif geworden ist.*[319] (Eine erste, entschieden unangenehme Berührung mit Hollywoods Filmwelt hatte Strawinsky 1938: damals war er praktisch gezwungen worden, gegen ein ridiküles Honorar den *Sacre* – der in den USA ja nicht geschützt war – für den «prähistorischen» Teil in Walt Disneys Trickfilm «Fantasia» zur Verfügung zu stellen. *Ich sah den Film zusammen mit George Balanchine Weihnachten 1939 in einem Studio in Hollywood. Ich erinnere mich, daß jemand mir eine Partitur anbot; als ich sagte, ich hätte meine eigene, sagte der Jemand: «Aber sie ist ganz verändert». So war es, in der Tat ...*[320]) *Es macht mir übrigens Spaß, mit Filmleuten zu verhandeln; denn sie versuchen ihre wahren Absichten nur selten mit dem Gerede über Kunst zu verbergen. Sie wollen meinen Namen haben, nicht meine Kunst – man hat mir sogar hunderttausend Dollar geboten, falls ich bereit sei, einen Film mit Musik zu polstern; und als ich ablehnte, bedeutete man mir, ich könne das Geld auch dann haben, wenn ich nur meinen Namen gäbe und die Arbeit einem anderen überließe.*[321] Doch Strawinsky blieb hier, trotz seines Interesses am Geld, genauso unbestechlich wie Schönberg, dem man ein ähnliches Angebot gemacht hatte.

Doch um des Geldes willen unterrichtete er den einzigen Schüler, den er jemals hatte, einen gewissen Ernest Anderson, *einen Komponisten, der bei weitem nicht mehr jung ist, der aber seinen Kompositionsstil verbessern möchte, indem er zuschaut, wie ich seine Symphonie von oben bis unten neu schreibe (...) Ich verstehe nichts vom Unterrichten, und so brachte ich zwei Jahre mit dem Umkomponieren (rewriting) seiner Symphonie zu, und ich lernte eine ganze Menge dabei.*[322] Und das in über zweihundert guthonorierten Lektionen. Bedauerlicherweise ist, Robert Craft zufolge, das Resultat dieses einzigartigen Unterrichts verschollen.

Doch von diesem kuriosen Fall ganz abgesehen, hat Strawinskys Musik in gewissem Sinn in Amerika, ähnlich wie um 1920 in Frankreich, stilbildend gewirkt, wenn auch außer Lukas Foss kaum einer der Namen, die der Komponist Arthur Berger 1952 in einer Studie über die «neue Stra-

Mit dem Klavierauszug von «The Rake's Progress». Venedig, 1951

winsky-Schule» anführt[323], hierzulande bekannt ist. (Aaron Copland zieht die Linie von Strawinskys Einfluß auf amerikanische Komponisten bis Roger Sessions' 1. Symphonie von 1927 zurück.[324]) Strawinsky, umgekehrt, stand jedoch der Musik Amerikas zurückhaltend gegenüber; *verglichen zum Beispiel mit Webern*, sagte er 1958, *wirkt unser «amerikanischer Stil» albern im Ausdruck und ist in technischer Hinsicht das nichtswürdigste Klischee*[325]. *Die amerikanische Musik wird bald eine «Ford Foundation zur Unterdrückung nichtsversprechender Komponisten» nötig haben.*[326] Er schätzt einige Werke von Elliott Carter; *ich kenne und bewundere «Ionisation», «Octandre», «Density 21.5» und «Intégrales»*[327] von Edgard Varèse, *der im Gebrauch der Schlag- und der Blasinstrumente ein Neuerer ersten Ranges*[328] ist. John Cage aber ist für Strawinsky *das einzige*

In München, 1957

George Balanchine und Strawinsky. New York, 1957

Beispiel für Dada in der Musik[329]: *überhaupt keine Tradition (...) Das ist eindrucksvoll, und kein Wunder, daß der Mann zu Ihrer Linken fortwährend sagt: «Sehr interessant».*[330] Mit der Musik von Charles Ives – zu der seine Einstellung zwiespältig blieb, aber: *Ives war ein origineller, ein begabter, ein mutiger Mann*[331] – wurde Strawinsky 1942 in Los Angeles konfrontiert, wo es extravagante Kammerkonzerte gab, die «Evenings on the roof» – später von Craft geleitet –, die Strawinsky «Musik von Josquin bis Ives nahebrachte, die er sonst nicht kennengelernt hätte»[332].

Strawinskys musikalische Interessen galten fast ausschließlich der europäischen Musik: seinen jüngeren Zeitgenossen, von denen ihn am stärksten Pierre Boulez und Karlheinz Stockhausen fesselten; andrerseits wandte er sich immer mehr der Musik des 15. bis 17. Jahrhunderts zu, der englischen – *meine Bibliothek enthält mehr alte englische Musik als irgendetwas sonst*[333] –, den Niederländern, deren *polyrhythmische Kombinationen*[334] er (im Zusammenhang mit seinen eigenen neuen Kompositionstechniken seit dem *Septett*) studierte, den großen Italienern Gabrieli, Gesualdo und Monteverdi. Robert Craft vor allem ist es zu verdanken, daß Strawinsky sich mehr und mehr mit der Dodekaphonie beschäftigte, mit der Musik Schönbergs und Weberns. Schöpferisch wirksam, als produktive Aneignung, wurde diese Auseinandersetzung jedoch erst nach Schönbergs Tod. (Persönlich sind sich Strawinsky und Schönberg in Kalifornien, obwohl sie dort fast Nachbarn waren, nur zweimal, sozusagen zufällig, begegnet.)

Strawinskys Rückwendung zu Europa, 1946 schon eingeleitet durch das für Paul Sacher geschriebene «Basler» *Streicherkonzert in D* (seit über einem Jahrzehnt der erste wieder aus Europa kommende Auftrag), markiert die letzte große Zäsur im Künstlerischen wie im Biographischen: ins selbe Jahr 1951 fällt die intensive Beschäftigung mit Schönbergs Reihentechnik und die Uraufführung von *The Rake's Progress*, von Strawinsky selbst dirigiert, in Venedig im Rahmen der Biennale. (Ursprünglich hatte Strawinsky eine Premiere in Amerika gewünscht; für die Vergabe nach Venedig, die Nabokov gemanagt hatte, waren finanzielle Gründe maßgebend.) Venedig, das er schon von früher her sehr liebte, blieb Strawinsky auch in den folgenden Jahren verbunden. Das *Canticum sacrum*, gewidmet *Urbi Venetiae, in laude Sancti sui Presidis, Beati Marci Apostoli*[335], wurde 1956 in der Basilica San Marco uraufgeführt; auch das folgende geistliche Werk, *Threni*, 1957 in Venedig begonnen, erklang in dieser Stadt zum erstenmal. Auch in zahlreiche andere europäische Städte kam Strawinsky seit den frühen fünfziger Jahren, um seine Musik zu dirigieren; mit der Premiere des *Rake* war Strawinsky in den Mittelpunkt des europäischen Musiklebens der Nachkriegszeit gerückt. Wie Robert Craft bemerkt hat, trat jetzt eine gewisse Umkehrung gegenüber der Situation Strawinskys in den dreißiger Jahren ein: wurde damals seiner Musik zunehmend in Amerika Beachtung geschenkt, so «erreichte sie in den fünfziger und frühen sechziger Jahren insgesamt ein weit größeres Maß an Erfolg in Europa als in Amerika»[336].

Nicht nur in Europa. In der zweiten Hälfte des achten Lebensjahrzehnts stehend, absolvierte Strawinsky ein enormes Pensum von Konzertreisen, er dirigierte buchstäblich in allen Erdteilen. Strawinsky war jetzt zum «großen alten Mann» der Neuen Musik geworden, der überall wo nicht mit Verehrung, so doch mit ungeteiltem Respekt aufgenommen wurde. Eine Auszeichnung folgte der andern, von der Goldmedaille der London Royal Philharmonic Society (1954) bis zum Empfang im Weißen Haus durch Präsident Kennedy. Diese Ehrung war eigentlich zu seinem 80. Geburtstag gedacht, Strawinsky aber, hierin war er, der keinerlei Publicity nötig hatte, eigenwillig wie je, äußerte sarkastisch: *In Washington hat niemand wirklich Achtung vor meiner Musik, sondern bloß vor meinem Namen.*[337] (Schon ein Jahrzehnt früher hatte er der Königin von Holland, die ihn zu seinem 70. Geburtstag ehrte und ihm ihre Bewunderung für seine Werke aussprach, respektlos gekontert: *Und welche meiner Wer-*

ke bewundern Eure Majestät? [338]) Strawinsky zog es vor, seinen Achtzigsten in der Welt zu feiern, die ihm seit frühesten Jahen am nächsten stand: der des Balletts. Im Juni 1962 war er, zusammen mit George Balanchine und dem New York City Ballet, in Hamburg, eingeladen durch Rolf Liebermann; *Orpheus, Agon* und *Apollon Musagète* wurden gegeben. Er nahm «eine der stürmischsten Huldigungen seines Lebens» entgegen. [339]

Nach Schönbergs Tod

The Rake's Progress von 1951, ein Werk, das Strawinsky weltweiten Erfolg brachte, war für ihn «ein Ende. Das sagte er gleich, als er die Oper abgeschlossen hatte.» [340] Dann begann das gänzlich Unerwartete, das seinerzeit mit Erstaunen registriert wurde: Strawinskys Wende – oder auch sein «Sündenfall» – zur Dodekaphonie, zur Zwölftontechnik Schönbergs und seiner Schule. Äußere Motivationen lassen sich anführen: in Europa lernte Strawinsky Werke dieser «Wiener Schule» in Aufführungen kennen und stellte, nach über einem Jahrzehnt Abwesenheit vom Kontinent, die weite Verbreitung des Zwölftonverfahrens bei den Komponisten der jüngeren Generation fest; andrerseits ist sicherlich Robert Crafts engagiertes praktisches wie theoretisches Interesse an der Schönberg-Schule nicht ganz ohne Eindruck auf Strawinsky geblieben. Wichtig dürfte auch ein innerer Grund gewesen sein: mit dem Tod Schönbergs (1951) waren die Errungenschaften der «Wiener Schule» definitiv in eine gewisse historische Distanz gerückt (Berg war 1935 gestorben, Webern 1945), die es Strawinsky leichter machte, sich mit ihnen zu befassen. (Übertrieben formuliert, gehörte die Dodekaphonie nun zum Erbe der abendländischen «Tradition», die es sich neu anzueignen galt.)

Wie dem auch sei, Strawinskys «Wende» ist alles eher als die hastige Attitüde eines, der im Alter die Avantgarde der Jungen einholen möchte. Ein Vierteljahrhundert nach der «Erfindung» der Dodekaphonie hätten sich ja die vielfältigen Möglichkeiten, die diese Technik bietet, immerhin ohne weiteres als fertige Rezepte übernehmen und anwenden lassen. Einen solchen bequemen Weg ging Strawinsky keineswegs; er war zunächst auch nicht, anders als manche der Jüngeren, enthusiasmiert von der Entdeckung der fast unbegrenzten technisch-spekulativen Dimension des Zwölftonverfahrens.

Der angebliche Umschwung in Strawinskys Schaffen nach dem *Rake* ist im Grunde noch weniger radikal als seinerzeit derjenige zur Neoklassik, und genau genommen meint er nur eine striktere Fassung eines zentralen Kompositionsprinzips der Neoklassik, nämlich der Idee des reinen Kontrapunkts. Als Siebzigjähriger setzt Strawinsky noch einmal eine Erforschung der Grundlagen seiner Kunst in Gang; eine Erforschung, die den

Blick in die Tiefe der Geschichte der abendländischen Musik mit aktuellem Interesse an der Gegenwart verbindet. An der Polyphonie der Musik des ausgehenden Mittelalters studiert Strawinsky gleichsam Probleme der Zwölftonstrukturen Weberns, macht sie sich zugänglich, für sich persönlich lösbar. *Das Ohr (der Verstand) des modernen Menschen fordert einen völlig anderen Zugang zur Musik. Es ist eine der Eigentümlichkeiten unserer Natur, daß wir uns zurückliegenden Generationen mehr verbunden fühlen als der unmittelbar vorausgegangenen. Daher richtet sich das Interesse der gegenwärtigen Generation vorwiegend auf die Musik vor dem «harmonischen Zeitalter». Die musikalischen Bauelemente, die heute erforscht werden müssen, sind Rhythmik, rhythmische Polyphonie und melodische oder intervallische Konstruktion.*[341]

Strawinsky findet den Weg zur Dodekaphonie nicht über die Nachahmung des chromatisch-expressiven musikalischen Sprachgestus (der ihm,

Arnold Schönberg, 1917

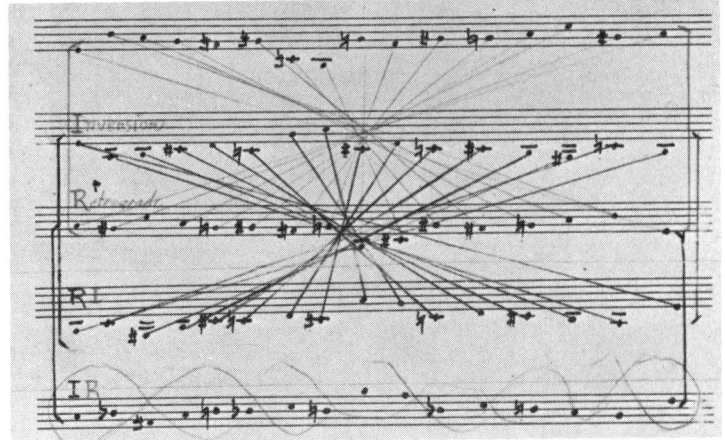

«Septett»: Skizze zur Reihe, 1952

dem Anti-Romantiker, stets fremd geblieben war), sondern über konstruktive Einschränkungen: strenge Studien im Kontrapunkt, Arbeiten mit «Reihen» geringen Umfangs. Sorgfältigste Beachtung schenkt Strawinsky, der seine Musik stets in tonalen Bezügen konzipiert hat, einer notorisch heiklen Seite der Dodekaphonie, nämlich der mehr oder weniger weitgehenden Determiniertheit (und damit geringeren Wahlfreiheit) der Zusammenklänge durch das «Gesetz» der Tonreihe. *Ich komponiere vertikal, was zumindest in einer Hinsicht bedeutet, daß ich tonal komponiere. – Ich höre gewisse Möglichkeiten und treffe meine Auswahl. Diese Wahl ist mir bei der Komposition mit Reihen ebenso möglich wie in jeder tonalen kontrapunktischen Form. Selbstverständlich höre ich harmonisch und komponiere auf dieselbe Art wie bisher. – Die Anwendung der Reihentechnik zwingt mich zu größerer Disziplin. Die Musik (...) ist harmonisch sicherlich schwieriger zu hören als meine frühere Musik. Dies gilt aber für jede dodekaphone Musik, weil sie vertikal gehört werden soll. Die Regeln und Einschränkungen der Zwölftonkomposition unterscheiden sich wenig von der Strenge der großen alten kontrapunktischen Schulen. Dabei erweitern und bereichern sie den harmonischen Gesichtskreis: man hört plötzlich mehr und anders als früher.*[342] *Meine neuesten Werke*, konnte Strawinsky 1958 sagen, *sind in meinem tonalen System geschrieben*[343], und dabei doch dodekaphon.

Aus all dem wird verständlich, warum Strawinsky die dodekaphone Technik nicht fertig übernehmen konnte, sondern sich langsam, schrittweise, unter fortwährendem Prüfen der Tragfähigkeit von Regeln und

ihrer Vereinbarkeit mit seinen bisherigen Kompositionsprinzipien, in ihre Richtung vortastete. 1952 meinte er noch skeptisch: *Reihentechnik? Ich persönlich habe genug zu tun mit den sieben Tönen der Skala. Nichtsdestotrotz sind die Zwölftonkomponisten die einzigen, die eine Disziplin haben, die ich respektiere. Was Zwölftonmusik darüber hinaus auch immer sein mag, sicherlich ist sie reine Musik. Nur sind die Reihentechniker Gefangene der Zwölfzahl, während ich mit der Siebenzahl mich freier fühle.*[344] 1966 aber, am Ende seiner Auseinandersetzung mit der Idee der Dodekaphonie, konnte er sagen: *Zwölftonkomposition ist ein Facettieren, ein Kristal-*

lisieren, eine Möglichkeit, mehrere Seiten derselben Idee zugleich zu zeigen. [345] Strawinskys eigenes Streben nach Einheit und Analogie in der Musik, das Ideal schon seiner Neoklassik, zeigt, auf der nun erreichten neuen Ebene der Dodekaphonie, eine fast verblüffende Konvergenz zu den Anschauungen Schönbergs und vor allem Weberns.

Die *Cantata* auf anonyme elisabethanische Lyrik halb-geistlichen Charakters begann Strawinsky noch vor der Premiere des *Rake*. Ihr zentraler 4. Satz (*Ricercar II*), geschrieben im Frühjahr 1952, steht unter dem direkten Eindruck von Werken der Wiener Schule – Craft bezeugt, daß

Strawinsky zu jener Zeit mehrere Aufführungen von Weberns Streichquartett op. 28 hörte und sich Schönbergs «Suite» (op. 29), die Craft ein-
studierte, von ihm erläutern ließ –, aber es ist kein dodekaphones Stück,
sondern ein streng kontrapunktisches, wenngleich formale Verfahren der
Zwölftontechnik (Krebs, Umkehrung, Krebsumkehrung einer Tonfolge)
angewendet werden. Wie zu Beginn der Epoche der Neoklassik, wendet
sich Strawinsky jetzt erneut einem Studium der Bachschen Kontrapunk-
tik zu («im Laufe der sechs auf *Rake* folgenden Jahre ist Bach die wesentliche Erscheinung im Haus Strawinsky gewesen»[346]); zugleich beginnt
auch Strawinskys Interesse für die ältere Musik eine Rolle zu spielen: *Ich
gebrauche den Terminus Ricercar (...) in seiner älteren Bedeutung einer
Komposition im kanonischen Stil.*[347] Der Tonfall der *Cantata* ist im wesentlichen noch neoklassisch, ebenso wie im darauffolgenden *Septett*, zumindest in seinem 1. Satz, dessen Eröffnungsthema direkt an das Schluß-
motiv aus dem 1. Satz des *Dumbarton Oaks Concerto* erinnert. Der 2.
Satz des *Septetts* ist eine *Passacaglia*, d. h. kontrapunktische Variationen
über ein achttaktiges Baßthema (eine Folge von 16 Tönen); der 3. Satz,
Gigue (auch Schönbergs «Suite», gleichfalls ein Septett, hatte eine «Gigue» als Finale), ist eine Fuge über das *Passacaglia*-Thema, die bereits mit
Transpositionen der «Reihen»-Hälften (die aber immer noch gänzlich tonal bestimmt sind) arbeitet. – Strenge kontrapunktische Konstruktionen
über kurze Tonfolgen (Vier- und Fünftonreihen, z. T. kombiniert mit tonalen Skalen) charakterisieren die *Shakespeare-Lieder* und *In memoriam
Dylan Thomas*.

Das *Canticum sacrum* – geschrieben für Venedig, als Auftrag der Biennale (die Idee für das Werk war jedoch Strawinskys eigene) –, entsprechend seiner Bestimmung zur Aufführung in der Basilica San Marco, ist
eine großflächige Anlage, vor allem in den Chorsätzen, die sozusagen den
Nachhall des Kirchenraums miteinbeziehen. Die Gesamtform in fünf Sätzen (gezählt ohne den kurzen Eröffnungssatz der *Dedicatio*, der bloßen
Überschrift des Werkes) ist streng zyklisch: der 3. Satz, in sich wiederum
dreiteilig, als große Zentralpartie, flankiert von den sich entsprechenden
Sätzen 2 und 4; der 5. Satz bildet, kontrapunktisch gesprochen, den
«Krebs» des 1., also seine exakt rückläufige Bewegung. (Daß dieses Verfahren besondere harmonische und rhythmische Probleme implizierte,
dürfte auch Laien einleuchten.) Möglicherweise stellt dieser zyklische
Fünfer-Aufbau eine beabsichtigte Analogie zur architektonischen Gestalt der Basilica mit ihren fünf Kuppeln dar; auffallend sind im *Canticum*
auch Proportionen der Taktanzahlen in den einzelnen Abschnitten, die
überwiegend auf den Zahlen 3 und 7 basieren, den traditionsgemäß «hei-
ligen Zahlen» also. Satz 2 des *Canticum* ist erstmals über eine vollständig
zwölftönige Reihe konstruiert, doch auf eine Art und Weise, die sich
bruchlos in den tonalen Gesamthabitus des ganzen Werkes fügt.

Im Zusammenhang mit dem *Canticum sacrum*, da dieses Werk von relativ kurzer Zeitdauer ist, entstand Strawinskys Bearbeitung der Bach-schen Orgelvariationen über den Choral «Vom Himmel hoch», angeglichen der Orchesterbesetzung des *Canticum* und, wie dieses, in fünf Abschnitte gegliedert. (Das Manuskript versah Strawinsky mit der deutschen Bemerkung: *Mit der Genehmigung des Meisters.*)

Von ähnlich offenem, extravertiertem Habitus wie das *Canticum sacrum* ist auch *Agon*, Strawinskys letzte Ballettmusik, deren Entstehung sich vom Auftrag durch das New York City Ballet 1953 – also noch vor dem *Canticum* – über vier Jahre hinzog und die eine äußerst kunstvolle Synthese aus neoklassischen Verfahren (Erneuerung alter Tanz-Muster) und mannigfachen Techniken mit Reihen, darunter auch dodekaphonen, darstellt.

Threni, das dritte große Werk – den Text wählte Strawinsky aus den alttestamentarischen Klagen des Propheten Jeremias –, ist von deutlich anderem Charakter als alles Voraufgehende, rauh im Klanglichen (obgleich volle Orchester-und Chorbesetzung verlangt wird, herrschen über weite Abschnitte die tiefen Register vor), ungeschminkt herb im Ausdruck von Klage und Trauer, beinah introvertiert. Dieser Umschlag korrespondiert einer neuen Stufe der Kompositionstechnik: das Werk ist erstmals durchweg dodekaphon konstruiert, und zwar mit einer einzigen Zwölftonreihe. Strawinsky wendet über die von der Wiener Schule etablierten Umformungen (Krebs, Umkehrung, Krebsumkehrung der Reihe und deren Transpositionen, Unterteilungen der Reihe) hinaus auch kompliziertere Verfahren – die er in Werken Kreneks kennengelernt haben dürfte – zur Gewinnung neuer Tonmaterialien an, z. B. die Bildung neuer Reihen durch Umstellungen der Tonfolge der Ausgangsreihe (Permutationen). Grundsätzlich sind von *Threni* an alle folgenden Werke Strawinskys dodekaphon; jedoch finden sich, zumindest in größeren Kompositionen, immer wieder auch offensichtlich nicht-zwölftönige Abschnitte. (Im einzelnen erweisen sich reihentechnische Analysen als teilweise außerordentlich kompliziert, und Strawinsky selbst hat, wie Schönberg, keinerlei Kommentare zu seinen Verfahren geliefert.)

Als den *Wendepunkt in meiner späteren Musik*[348] bezeichnete Strawinsky die *Movements* (das englische Wort hat die Doppelbedeutung von «Bewegung» und von «Satz» im formalen Sinn) für Klavier und Orchester, die ursprünglich als «Klavierkonzert» in Auftrag gegeben worden waren; als Wende nämlich vom allgemeinen Kanon-Prinzip zu streng kontrapunktischen Verfahren innerhalb der Dodekaphonie selbst. *Bei der Komposition der «Movements für Klavier und Orchester» habe ich (für mich) neue Reihenkombinationen entdeckt (...) Die «Movements» gehen im Konstruktiven weiter als alles, was ich sonst geschrieben habe (...) Von jedem Gesichtspunkt aus ist die Komposition mit ihren Sechser-, Vierer-, Dreierformen usw. reihentechnisch bedingt.*[349] Die den Gesamteindruck bestimmende starke Ähnlichkeit dieser äußerst komplizierten und esoterischen, auch von Dreiklangsbeziehungen ganz freien Komposition zu den späten Zwölftonwerken Weberns liegt schon in der Kompositionstechnik begründet. Einen Webernschen Zentralgedanken, den des «Kristalls», hat Strawinsky in einer Erläuterung selbst erwähnt (die diversen Reihenformen *strahlen nach allen Richtungen wie durch einen Kristall*[350]); auch sonst finden sich mehrere Zeugnisse dafür, daß Weberns völlig durchkonstruierte und auf vordergründige Ausdrucksgebärden verzichtende dodekaphone Musik Strawinsky faszinierte. *Ich sollte auch erwähnen, daß ich mich auch in der Sprache der Rhythmik weiter als bisher vorgewagt habe; vielleicht mögen einige Hörer sogar hier eine Auswirkung der Reihentechnik wahrnehmen. Meine polyrhythmischen Kombinationen sind indessen so zu verstehen, daß sie, ungleich denen einiger meiner Kollegen, vertikal gehört werden sollten. Parallelen dazu, wenn auch natürlich nichts Gleichartiges, finden Sie bei Josquin . . .*[351]

Noch komplizierter wird die rhythmische Konstruktion schließlich in den *Variations* für Orchester (*ich verändere oder variiere eher eine Reihe als ein Thema*[352]): in den drei zwölfstimmigen Abschnitten – den zentralen Partien des sehr kurzen, aber außerordentlich dichten Werkes – sind jeweils dieselben zwölf verschiedenen Rhythmen miteinander kombiniert, aber je verschiedenen Tonhöhen zugeordnet. (Dies entspricht genau dem in spätmittelalterlichen Motetten gebräuchlichen Konstruktionsverfahren der «Isorhythmie».) *Die zwölfstimmigen Variationen sind die wichtigste Neuerung des Werkes; die eine von ihnen, für Violinen sul ponticello, – es klingt so ähnlich, als würde man sehr kleine Glasscherben streuen –, ist vermutlich die in ihrer Gesamtheit für eine Höranalyse schwierigste Musik, die ich je geschrieben habe. Der Hörer mag sich diese drei Variationen als eine Art musikalischer Mobiles vorstellen, deren Muster sich perspektivisch ändern durch die dynamischen Verschiedenheiten der jeweiligen Versionen. Diesen dichten Partien stehen Abschnitte von kontrastierender Starrheit und – in der 1. Variation – von Klangfarbenmelodie (die gleichfalls Variation bedeutet) gegenüber.*[353]

Strawinskys späte Werkgruppe – das Schaffen eines Siebzig- bis Fünfundachtzigjährigen – ist von einem inneren Reichtum, der den Vergleich mit dem neoklassischen Œuvre der drei voraufgehenden Jahrzehnte nicht zu scheuen braucht. *Ich weiß, daß Teile meines «Agon» dreimal so viel Musik enthalten wie manches andere meiner Werke von gleicher Zeitdauer. Naturgemäß verändert eine neue Forderung nach größerem In-die-Tiefe-Hören die Zeitperspektive*[354], äußerste Konzentration und Verdichtung dehnen – am eindrucksvollsten läßt sich das wohl in den *Variations* nachvollziehen – die «erlebte Zeit».

Ein Alterswerk ist es auch, das manche Parallelen aufweist zu dem Schaffen des greisen und einsamen Franz Liszt in den beiden letzten Jahrzehnten seines Lebens: die entschieden religiöse Orientierung, die Auseinandersetzung mit Trauer und Tod, der sperrig-hermetische Charakter vieler Werke, die Kühnheit, fast Rücksichtslosigkeit in der Erforschung neuer Wege, das Fehlen larmoyanter Schwäche. Die eindrucksvollsten und zugleich originellsten unter Strawinskys letzten Werken sind für mich, abgesehen von den *Variations*, diejenigen, die vom Betroffensein von Trauer und Tod – gehalten von tiefer Überzeugung des religiösen Glaubens – als der Grundschwingung bestimmt sind: *In memoriam Dylan Thomas*; das Schlußstück von *Sermon*; *Introitus*; *Requiem canticles*; und, vielleicht alles übertreffend, die düsteren *Threni* in ihrer herben Trauer und rücksichtslos ungefälligen, rauhen Klanglichkeit, ihrer komplizierten Faktur, die in die Jahrhunderte zurückzublicken scheint und doch, auf gänzlich individuelle Weise und kaum Assoziationen an Vorbilder gebend, der Gegenwart angehört.

Die letzten Jahre

Nach langem Zögern hatte Strawinsky sich entschieden, einer 1961 ausgesprochenen offiziellen Einladung in die Sowjetunion Folge zu leisten. *Meine beabsichtigte Reise nach Rußland hat nichts mit Nostalgie zu tun, sondern in erster Linie damit, daß ich den Beweis dafür habe, daß die jüngere Generation russischer Musiker das echte Bedürfnis und den Wunsch hat, mich zu sehen. Keines andern Künstlers Name ist in der Sowjetunion so sehr mißbraucht worden wie der meine...*[355] Im Herbst 1962 betrat Strawinsky nach einem halben Jahrhundert wieder russischen Boden. Er gab Konzerte in Moskau und in Leningrad, begegnete seiner Nichte Xenia Jureyewna wieder (die in Leningrad lebte, in nächster Nähe des Elternhauses Strawinskys), wurde von Nikita Chruschtschow empfangen; offizieller Höhepunkt war ein Galadiner bei der Kultusministerin Furzewa, zu dem auch führende sowjetische Komponisten geladen waren, darunter Schostakowitsch und Chatschaturjan. Robert Craft zitiert aus Strawinskys Rede bei diesem Anlaß: *Der Mensch hat einen Geburtsort, ein Vaterland, eine Heimat – er kann nur ein Heimatland haben –, und der Ort, an dem er geboren wurde, bildet den wichtigsten Faktor in seinem Leben. Ich bedaure, daß die Umstände mich von meinem Vaterland getrennt haben, daß ich in ihm nicht meine Werke ans Licht bringen konnte, und vor allem, daß ich nicht dort war, um der neuen Sowjetunion beim Hervorbringen ihrer neuen Musik zu helfen. Aber ich habe Rußland nicht nur nach meinem eigenen Willen verlassen, selbst wenn ich eingestehe, daß mir vieles in meinem Rußland und in Rußland überhaupt mißfiel...*[356] Ob dies alles die Wahrheit trifft, bleibe dahingestellt. Doch die folgenden Sätze aus Strawinskys Grußwort an die «Komsomolskaja Prawda» entsprechen seinen tiefsten Gefühlen: *Mein ganzes Leben hindurch habe ich russisch gesprochen und gedacht. Ich habe einen russischen Stil. Vielleicht tritt dies in meinen Kompositionen nicht unmittelbar hervor, aber es ist da – latent, in meiner Musik.*[357] Und Craft bezeugt: «Ich bin sicher, daß es ihm mehr bedeutet hat als irgend etwas anderes in all den Jahren, seit ich ihn kenne, daß er hier in Rußland als Russe anerkannt und bejubelt wurde, und daß man hier seine Musik aufführte. Und wenn Mütterchen Rußland wieder seine Liebe schenkt, sind achtundvierzig Jahre mit einem Atemzug vergeben – mit mehreren Zügen Wodka, in Wahrheit ...»[358]

Dmitri Schostakowitsch, scharf beobachtend, hielt in seinen Memoiren fest: «Als Strawinsky uns besuchte, wirkte er wie ein Ausländer. Und es war seltsam für mich, daran zu denken, daß wir im Grunde ‹Nachbarskinder› sind. Ich bin in Petersburg geboren, er nahebei. (Ich weiß nicht, ob jemand das wichtig finden wird, aber Strawinsky und ich haben polnische Vorfahren, genauso ist es mit Rimsky-Korsakow. Und wir gehören zur gleichen Schule, auch wenn wir uns sozusagen verschieden ausdrücken.) (...) Die Einladung an Strawinsky hatte einen hochpolitischen Hintergrund. Die alleroberste Führung hatte beschlossen, Strawinsky zum nationalen Komponisten Nummer eins zu erheben. Doch bei dieser Nummer spielte Strawinsky nicht mit. Er hatte nichts vergessen. Er hatte nicht vergessen, daß man ihn ‹Lakai des amerikanischen Imperialismus› und außerdem noch ‹Speichellecker vor der katholischen Kirche› geschimpft hatte. Das hatten genau dieselben Leute gesagt, die Strawinsky nun mit ausgebreiteten Armen entgegenkamen. Einem dieser Heuchler reichte Strawinsky statt der Hand seinen Spazierstock. Er war genötigt, ihn zu nehmen, er erwies sich damit selber als Lakai. Ein anderer lungerte herum, wagte aber nicht, zu ihm hinzugehen, weil er zu viel Dreck am Stecken hatte (...) Das alles widerte Strawinsky – wie ich vermute – so an, daß er vorzeitig wieder abreiste. Er tat recht daran. Er machte nicht Prokofjews Fehler, der wie ein Huhn in der Suppe endete.»[359]

In den folgenden Jahren unternahm Strawinsky erneut zahlreiche Konzertreisen. Im Frühjahr 1967, in Toronto, dirigierte er zum letzten Mal.

Dann griff die Krankheit, die zum Tode führen sollte – Polyzythämie (bereits 1956 diagnostiziert, nach einem Schlaganfall) mit ihren Folgeerscheinungen –, erstmals zu; Strawinsky verbrachte längere Zeit in einer Hollywooder Klinik. 1968 war er wieder so weit hergestellt, daß er nach Europa reisen konnte, nach Zürich und Paris. Ursprünglich wollte er damit Kalifornien, wo ihm das Leben der zunehmenden politischen und sozialen Unruhen wegen schwer erträglich geworden war, und Amerika überhaupt für immer verlassen; er kehrte jedoch zurück und zog 1969 nach New York um: *Ich halte mich hier der ärztlichen Betreuung wegen auf.*[360]

In einem qualvoll langsamen, äußerst schmerzvollen Prozeß, der sich über zwei Jahre hinzog, mit mehreren Phasen klinischer Behandlungen, ging Strawinsky seinem Ende entgegen. *Schmerz, in jedem Fall und aus welcher Quelle auch immer, wird rasch das, woran wir am vollkommen-*

In Evian, 1970

sten glauben (...) Mich schmerzen plötzliche Gedächtnislücken; das ist, als
ob man in einem fremden Hotel aufwacht und nicht weiß, wo man ist.[361]
Das Schlimmste aber im Krankenhaus war die musikalische Frustration.
Meine Sparflamme ist vielleicht nicht mehr so glänzend oder konzentriert,
aber sie brennt trotzdem noch, auch wenn der Herd nicht mehr in Gebrauch ist. Musikalische Einfälle beschlichen mich, doch ich konnte sie nur
im Geiste komponieren; damals konnte ich nicht schreiben, und heute
kann ich mich nicht mehr daran erinnern. Der Geist braucht in einer solchen Zeit seine tägliche Arbeit, nicht die Betrachtung seiner Vergänglich-
keit. Der Kunst beraubt und mit der Philosophie allein gelassen zu sein, das
bedeutet, der Hölle nahe zu sein.[362]
   Das schwierigste geistige Problem für einen Fünfundachtzigjährigen ist,
obwohl intelligente Menschen schon mit fünfundzwanzig darunter leiden,
die Erkenntnis, daß man machtlos sein könnte, die Qualität seiner Arbeit
zu verändern. Die Quantität kann man steigern, sogar mit fünfundachtzig,

133

*aber kann man das Ganze verändern? Jedenfalls bin ich sicher, daß meine
«Variations» und die «Requiem canticles» das Bild meiner ganzen Arbeit
verändert haben, und ich begehre jetzt die Kraft, jenes vollendete Bild nur
noch ein Mal zu verändern.*[363] Es war Strawinsky nicht vergönnt. *Letzte
Woche träumte ich von einer neuen Episode des Werkes, an dem ich gegen-
wärtig arbeite. Doch als ich aufwachte, wurde mir klar, daß ich nicht zu
meinem Schreibtisch gelangen konnte, um sie aufzuschreiben, und daß sie
bis zum Morgen vergessen sein würde. In diesem Augenblick dachte ich
zum ersten Mal darüber nach, wie lange es noch dauern wird, bis ich als
Komponist den Laden ganz zumachen muß.*[364]

Nach 1966, nach den *Requiem canticles* und dem Lied *The owl and the
pussy-cat* – einer freundlichen kleinen Gabe an seine Frau –, hat Strawinsky kein eigenes Werk mehr geschrieben; die Orchestrierung zweier geistlicher Lieder von Hugo Wolf, 1968, ist sein letztes abgeschlossenes Manuskript. Mit äußerster Kraftanstrengung arbeitete er im nächsten Jahr
noch an einer Instrumentierung von Stücken aus Bachs «Wohltemperier-
tem Klavier». *Ich hatte geplant, vier Fugen – je eine zwei-, drei-, vier- und
fünfstimmige – für Solobläser zu setzen und die dazugehörigen Präludien
für Streichorchester.*[365]

Auch nachdem die musikalische Produktionskraft erloschen war, hielt
Strawinsky bis zuletzt seinen Geist in Gang: durch Lesen (Craft 1966: «er
liest so viel wie ein Buchrezensent»[366]), Schreiben, durch Anhören von
Musik. *Es ist nun beinahe fünf Jahre her*, schreibt er im Vorwort des letz-
ten von ihm zusammengestellten Textbandes, einen Monat vor seinem
Tod, *seit ich eine selbständige Komposition vollendet habe; eine Zeitspan-*

Aus den Skizzen zu einer unvollendeten Komposition

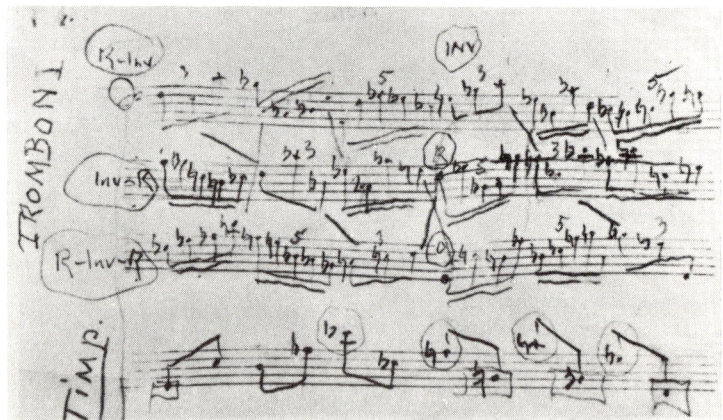

ne, während der ich mich von einem Komponisten zu einem Zuhörer wandeln mußte. Das Vakuum, das so entstand, ist nicht aufgefüllt worden, aber ich konnte damit leben, und das verdanke ich in größtem Maße der Musik Beethovens.[367] Mit Beethovens späten Sonaten und Quartetten beschäftigte Strawinsky sich intensiv; einer seiner letzten Aufsätze war Beethoven gewidmet, den Sonaten opus 109 bis 111. Der Schriftsteller Paul Horgan beobachtete, wie Strawinsky zusammen mit Craft Schallplattenaufnahmen anhörte: «Sie spielten die ersten drei Sätze von Beethovens Quartett op. 127 und den zweiten Satz der Klaviersonate op. 111. Wenn ich sagte, sie ‹spielten›, so meine ich, daß sie mitwirkten, daß niemals zuvor Musik mir so eindrucksvoll vermittelt worden ist wie durch ihr aktives musikalisches Verständnis, daß Strawinskys Konzentration so vollständig und so brennend war, daß ich das Gefühl hatte, einem schöpferischen Vorgang beizuwohnen.»[368]

Die letzten Textbände enthalten vorwiegend Interviews, zynische Glossen eines scharfen Beobachters seiner Zeit, der Strawinsky bis zuletzt war. Die musikalische Entwicklung in der Avantgarde – das zunehmende Schwinden konkret handwerklicher Arbeitsweisen zugunsten von Aleatorik, den Einsatz elektronischer Technologie, die Auflösung des herkömmlichen Kunstbegriffs – kommentiert er mit bitteren Sarkasmen, die tiefster Sorge entspringen um das, was Strawinsky stets als Quintessenz aller Kunst angesehen hat. *Was ich als die wichtigsten Gegensätze zwischen dem Anfang und dem Ende von sieben Musikjahrzehnten betrachte: (...) Das erste und wichtigste ist das Verschwinden des Hauptstromes der Musik (...) Das Problem, das dieser Mangel mit sich bringt, ist dasselbe wie das Problem des Menschen ohne Gott: die Unverantwortlichkeit. Auf dem Gebiet der Kunst läßt sich dies in das unbrauchbarste aller Ziele übersetzen, die totale Freiheit, als ob die Unbrauchbarkeit früherer Gesetze und Prämissen, der Techniken und Systeme, die in der Kunst der Vergangenheit verkörpert waren, die Notwendigkeit aufheben würde, neue zu suchen (...) Wird die Musik des Westens, ihrer historischen Tradition beraubt, ihrem Ende entgegengehen?[369]*

In den *Überlegungen eines Achtzigjährigen* heißt es: *Habe ich nicht nur versucht, alte Schiffe zu reparieren, während die andere Seite – Schönberg – nach neuen Reisewegen suchte? Ich glaube, dieser Gegensatz, über den man vor einer Generation viel gesprochen hat, ist verschwunden (...) Natürlich schien es, ich hätte eine offensichtliche Zusammenhangslosigkeit ausgewertet, ich hätte Kunst aus disjecta membra gemacht, den Zitaten von anderen Komponisten, den Anspielungen auf ältere Stile, dem Schutt, der eine Zerstörung anzeigt. Jedoch ich benutzte dies, wie alles, was mir zur Hand kam, um wiederaufzubauen, und ich gab nicht vor, neue Beförderungsmittel oder neue Reisemöglichkeiten erfunden zu haben. Aber das wahre Geschäft des Künstlers ist das Ausbessern alter Schiffe. Er kann nur auf seine Art noch einmal sagen, was schon gesagt worden ist.[370]* Und sich

selbst hat Strawinsky, der in der Musik seiner Ära doch der einzige Weltbürger – in jedem Sinne – war, am Ende seines Lebens so gesehen: *Ich bin
außerhalb der Zeit geboren, in dem Sinne, daß ich von Talent und Bega-
bung her besser für das Leben eines kleinen Bach gepaßt hätte, für ein
Leben in Anonymität, ein regelmäßiges Komponieren für einen institutio-
nalisierten Kirchendienst und für Gott. Ich habe die Welt überstanden, in
die ich hineingeboren wurde, ich habe sie gut überstanden, kann man
sagen . . .* [371]

Igor Fjodorowitsch Strawinsky starb am 6. April 1971 in New York.
Begraben liegt er in seiner Lieblingsstadt Venedig, auf der Friedhofsinsel
von San Michele, unweit der Ruhestätte Serge Diaghilews.

Anmerkungen

In den Anmerkungen werden folgende, hier alphabetisch geordnete Kurztitel verwendet:

Concl.	Igor Stravinsky: «Themes and Conclusions». London 1972
Dial.	Igor Stravinsky and Robert Craft: «Dialogues and A Diary». London 1968
Er. u. Gespr.	Igor Strawinsky mit Robert Craft: «Erinnerungen und Gespräche». Frankfurt a. M. 1972
Exp.	Igor Stravinsky and Robert Craft: «Expositions and Developments». London 1962
Gespr.	Igor Strawinsky: «Gespräche mit Robert Craft». Mainz–Zürich 1961
Leben	Igor Strawinsky: «Leben und Werk – von ihm selbst». Zürich–Mainz 1957
PD	Vera Stravinsky and Robert Craft: «Stravinsky in pictures and documents». New York 1978
Poét. Mus.	Igor Strawinsky: «Musikalische Poetik». Wiesbaden 1960
White	Eric Walter White: «Stravinsky. The Composer and his Works». London 1979

1 Leben, S. 17
2 Leben, S. 19
3 Leben, S. 155
4 Gespr., S. 17
5 Exp., S. 26
6 Gespr., S. 9
7 Leben, S. 19–20
8 Gespr., S. 10
9 Leben, S. 18
10 Gespr., S. 10–11
11 Gespr., S. 11
12 Gespr., S. 11–12
13 Seit 1900 ist es der 18. Juni, da sich die Differenz zwischen dem Julianischen und dem Gregorianischen Kalender jedes Jahrhundert um einen Tag verschiebt.
14 Exp., S. 34

15 Gespr., S. 12–13
16 Gespr., S. 29
17 Gespr., S. 17
18 Leben, S. 25
19 Exp., S. 40
20 Exp., S. 41
21 Exp., S. 53–54
22 Leben, S. 19
23 Leben, S. 20
24 Exp., S. 43
25 Exp., S. 62
26 Leben, S. 22
27 Exp., S. 60
28 Gespr., S. 20–21
29 Gespr., S. 26
30 Leben, S. 95
31 Leben, S. 23
32 Gespr., S. 26

33 Gespr., S. 38
34 Gespr., S. 39
35 Leben, S. 24
36 Leben, S. 30
37 Leben, S. 28
38 Exp., S. 27
39 Gespr., S. 23
40 Leben, S. 18–19
41 Gespr., S. 16
42 Exp., S. 43
43 Leben, S. 26–27
44 Gespr., S. 30–31
45 Gespr., S. 24
46 Leben, S. 34
47 Gespr., S. 33
48 Gespr., S. 20
49 Leben, S. 33
50 Leben, S. 34
51 zit. nach Camilla Gray: «Das gro-
    ße Experiment. Die russische
    Kunst 1869–1922». Köln 1974, S.
    36
52 Ebd., S. 45
53 Horst Koegler: «Ballett interna-
    tional». Berlin 1960, S. 24
54 Nicolas Nabokov: «Igor Strawin-
    sky». Berlin 1964, S. 26–27
55 Leben, S. 37
56 Gespr., S. 46–47
57 Leben, S. 34–35
58 Leben, S. 143–145
59 Gespr., S. 43
60 Leben, S. 36–37
61 Exp., S. 127
62 Leben, S. 35
63 Exp., S. 129
64 Exp., S. 128
65 Ebd.
66 Théodore Strawinsky: «Igor Stra-
    winsky – Mensch und Künstler».
    Mainz o. J., S. 23
67 Tamara Karsavina: «Tränenrei-
    ches Lernen», in: «Musik der
    Zeit», o. O. u. J. [1952], S. 15
68 Leben, S. 38–39
69 Exp., S. 130
70 Exp., S. 131
71 Exp., S. 133
72 Leben, S. 40
73 Exp., S. 134
74 Leben, S. 40
75 Leben, S. 40–41
76 Gespr., S. 45
77 Exp., S. 136
78 Exp., S. 137
79 PD, S. 66
80 Ernest Ansermet und J.-C. Piguet:
    «Gespräche über Musik». Mün-
    chen 1973, S. 44
81 Exp., S. 140
82 Gespr., S. 80
83 zit. ebd.
84 zit. ebd.
85 Leben, S. 45
86 Gespr., S. 92
87 Gespr., S. 90
88 Leben, S. 45
89 Leben, S. 91
90 Leben, S. 50
91 Gespr., S. 102
92 Leben, S. 50
93 Dial., S. 105
94 Leben, S. 39
95 Exp., S. 140
96 Leben, S. 40
97 Exp., S. 140
98 Igor Stravinsky: «The rite of
    spring/Le sacre du printemps.
    Sketches 1911–1913». o. O. 1969,
    S. 33
99 Leben, S. 54–55
100 wie Anm. 98, S. 33–34
101 Ebd., S. 31
102 Gespr., S. 23
103 wie Anm. 98, S. XXIX
104 Exp., S. 147–148
105 Leben, S. 47
106 Leben, S. 46
107 wie Anm. 98, S. XXIX
108 Leben, S. 54
109 Gespr., S. 49–50
110 PD, S. 94
111 PD, S. 511
112 Leben, S. 53
113 PD, S. 101
114 Leben, S. 57
115 PD, S. 107
116 Exp., S. 67

117 Leben, S. 51
118 Leben, S. 53
119 Leben, S. 52
120 Leben, S. 56
121 Gespr., S. 124
122 PD, S. 30
123 Gespr., S. 125
124 Leben, S. 69–70
125 Leben, S. 58
126 Leben, S. 61
127 Gespr., S. 70
128 Nabokov (wie Anm. 54), S. 48
129 Leben, S. 60
130 Leben, S. 58
131 Leben, S. 78–79
132 Gespr., S. 116–117
133 Charles Ferdinand Ramuz: «Erinnerungen an Igor Strawinsky», Berlin–Frankfurt a. M. o. J., S. 17–21, 57, 59
134 Leben, S. 66
135 Ramuz (wie Anm. 133), S. 41–43
136 Ramuz, S. 62–63
137 Leben, S. 60–61
138 Gespr., S. 70
139 Gespr., S. 47
140 Gespr., S. 59
141 Leben, S. 65
142 Leben, S. 103
143 zit. nach White, S. 241
144 Gespr., S. 70
145 Leben, S. 67
146 Leben, S. 68
147 Leben, S. 73
148 Gespr., S. 64
149 Ebd.
150 Gespr., S. 75
151 Gespr., S. 75–76
152 Leben, S. 71–72
153 Leben, S. 74
154 Leben, S. 80
155 Leben, S. 81
156 Leben, S. 87
157 Leben, S. 68
158 Antoine Goléa: «Musik unserer Zeit». München 1955, S. 34–41
159 Jurij Striedter (Hg.): «Russischer Formalismus». München 1969, S. 15

160 Striedter, S. 5
161 Striedter, S. 51
162 Striedter, S. 35
163 Leben, S. 58
164 Leben, S. 63
165 Leben, S. 59
166 Striedter (wie Anm. 159), S. 15
167 Leben, S. 60
168 Concl., S. 36
169 Partitur Ziffer 100
170 Gespr., S. 201–202
171 Théodore Strawinsky (wie Anm. 66), S. 25
172 Exp., S. 93
173 Exp., S. 91–92
174 Dial., S. 54
175 Exp., S. 92
176 Leben, S. 84
177 Exp., S. 114–115
178 Exp., S. 115
179 Leben, S. 102–103
180 Exp., S. 115
181 Exp., S. 118
182 Leben, S. 103
183 Gespr., S. 52
184 Exp., S. 117
185 Exp., S. 122
186 Leben, S. 99
187 Exp., S. 91
188 Exp., S. 90
189 Leben, S. 75–76
190 Leben, S. 87
191 Leben, S. 91
192 Exp., S. 71
193 Ebd.
194 Exp., S. 134
195 Darius Milhaud: «Noten ohne Musik». München 1962, S. 78
196 Ebd.
197 Gespr., S. 112
198 Gespr., S. 113–114
199 Jean-Jacques Kihm: «Jean Cocteau. Sein Leben – ein Meisterwerk». München–Wien–Basel 1970, S. 63
200 Ebd.
201 Gespr., S. 119
202 Jean Cocteau: «Hahn und Harlekin». München 1958, S. 26–27

203 Friedrich Hagen: «Leben und Werk des Jean Cocteau». Wien–München–Basel 1961, Bd. I, S. 99

204 Hagen, Bd. I, S. 79–80

205 Hagen, Bd. I, S. 99

206 Leben, S. 119

207 Leben, S. 120

208 Gespr., S. 215

209 Leben, S. 98

210 Ebd.

211 Exp., S. 69

212 Exp., S. 70

213 Leben, S. 98–99

214 Exp., S. 70

215 Leben, S. 140

216 Leben, S. 143

217 Leben, S. 140–141

218 Leben, S. 82–83

219 Gespr., S. 76

220 Exp., S. 113

221 Jean Cocteau: «Œuvres complètes», Bd. IX. Lausanne 1951, S. 319

222 «Theater der Jahrhunderte: Antigone». München–Wien 1966, S. 259

223 wie Anm. 221

224 Exp., S. 112. – Gemeint ist, daß Strawinsky seine Veränderungen direkt in die Vorlagen (erworbene Abschriften bzw. Drucke) hineinkomponiert habe. Dies dürfte allerdings nur bei einigen wenigen Stücken technisch durchführbar gewesen sein.

225 Leben, S. 83–84

226 Exp., S. 113

227 Leben, S. 100

228 zit. nach Helmut Kirchmeyer: «Igor Strawinsky. Zeitgeschichte im Persönlichkeitsbild». Regensburg 1958, S. 238–239

229 Melos 14 (1946/47), S. 108

230 Gespr., S. 103

231 Leben, S. 110–111

232 Leben, S. 111

233 Leben, S. 113

234 Poét. Mus., S. 57

235 Dial., S. 34

236 Leben, S. 127–128

237 Leben, S. 126

238 Dial., S. 33

239 Ebd.

240 Dial., S. 26

241 zit. nach White, S. 447

242 Dial., S. 21–22

243 Dial., S. 26

244 Dial., S. 22

245 Leben, S. 124

246 Dial., S. 23

247 Vorwort der Partitur

248 Dial., S. 23

249 Vorwort der Partitur

250 Dial., S. 30

251 Dial., S. 24

252 Dial., S. 31

253 Dial., S. 29

254 frz. «classique» = dt. «klassisch», «classicisme» = «Klassik»; «néo-classique», «néo-classicisme» ist daher mit «neoklassisch», «Neoklassik» wiederzugeben.

255 Igor Strawinski: «Quelques mots de mes dernières œuvres», in: Muzyka 1924, Nr. 1 (Warschau), S. 12–15

256 «Some ideas about my Octuor», wiedergedruckt bei White, S. 574–577

257 «Avertissement», wiedergedruckt bei White, S. 577–578

258 Melos 14 (1946/47), S. 379

259 Gespr., S. 204

260 Arthur Lourié: «Neogothic and Neoclassic», in: Modern Music 5 (1927/28), S. 3–8

261 Hans Heinz Stuckenschmidt: «Schönberg. Leben–Umwelt–Werk», Zürich–Freiburg 1974, S. 462

262 Poét. Mus., S. 8

263 Poét. Mus., S. 5–6

264 Paul Valéry: «Zur Theorie der Dichtkunst». Frankfurt a. M. 1962, S. 206

265 Poét. Mus., S. 11

266 Poét. Mus., S. 10

267 Poét. Mus., S. 36

268 Poét. Mus., S. 35
269 Poét. Mus., S. 34
270 Poét. Mus., S. 35
271 Poét. Mus., S. 38
272 Poét. Mus., S. 35
273 Poét. Mus., S. 34
274 Poét. Mus., S. 36–37
275 Poét. Mus., S. 37–38
276 Poét. Mus., S. 33
277 Poét. Mus., S. 32
278 Poét. Mus., S. 20
279 Poét. Mus., S. 17
280 Poét. Mus., S. 26
281 Poét. Mus., S. 27–28
282 Poét. Mus., S. 23
283 Poét. Mus., S. 24
284 Poét. Mus., S. 44–45
285 Poét. Mus., S. 51
286 Poét. Mus., S. 54
287 Poét. Mus., S. 43
288 Poét. Mus., S. 51
289 Poét. Mus., S. 43
290 Poét. Mus., S. 47
291 Poét. Mus., S. 39
292 Poét. Mus., S. 19
293 Poét. Mus., S. 18
294 Poét. Mus., S. 39
295 «Kehren wir zum Alten zurück, und es wird ein Fortschritt sein!»
296 Poét. Mus., S. 32
297 Leo Schrade: «Strawinsky, die Synthese einer Epoche», in: «Igor Strawinsky. Eine Sendereihe des Westdeutschen Rundfunks zum 80. Geburtstag», Köln 1963, S. 9–14
298 Leben, S. 83–84
299 Josef Rufer: «Das Werk Arnold Schönbergs». Basel 1959, S. 26
300 Poét. Mus., S. 65
301 Poét. Mus., S. 79–80
302 Poét. Mus., S. 80
302a PD, S. 551–552
303 Nicolas Nabokov: «Old friends and new music». Boston 1951, S. 198
304 PD, S. 424
305 Concl., S. 299
306 PD, S. 355

307 Dial., S. 94
308 Gespr., S. 147
309 Gespr., S. 122–123
310 Concl., S. 67
311 PD, S. 480
312 PD, S. 438–439
313 PD, S. 439
314 PD, S. 368
315 Ebd.
316 Gespr., S. 200
317 Rolf Liebermann: «Opernjahre». München–Mainz 1979, S. 51–52
318 Gespr., S. 223
319 Ebd.
320 Exp., S. 145
321 Gespr., S. 223
322 PD, S. 359
323 Arthur Berger: «Strawinsky und die Jungen», in: «Strawinsky in Amerika» (Musik der Zeit, Heft 12), Bonn 1955, S. 71–77
324 «Strawinsky in Amerika», S. 80
325 Gespr., S. 206
326 Dial., S. 99–100
327 Gespr., S. 228
328 Dial., S. 111
329 Exp., S. 93
330 Exp., S. 96–97
331 Exp., S. 99
332 PD, S. 360
333 Gespr., S. 94
334 Gespr., S. 187
335 *Der Stadt Venedig, zum Lobe ihres Schutzheiligen, des Seligen Apostels Markus*
336 PD, S. 349
337 PD, S. 461
338 PD, S. 420
339 Liebermann (wie Anm. 317), S. 55
340 Robert Craft: «Strawinsky». München 1962, S. 47
341 Gespr., S. 189
342 Gespr., S. 176–177
343 Gespr., S. 203
344 White, S. 133
345 zit. nach Norbert Jers: «Igor Strawinskys späte Zwölftonwerke». Regensburg 1976, S. 14
346 Craft (wie Anm. 340), S. 38

347 White, S. 469
348 Concl., S. 33
349 Gespr., S. 186
350 Gespr., S. 187
351 Ebd.
352 Concl., S. 62
353 Concl., S. 63
354 Gespr., S. 177
355 White, S. 146
356 Robert Craft: «Stravinsky. Chronicle of a friendship 1948–1971». London 1972, S. 195
357 White, S. 591
358 wie Anm. 356
359 Solomon Volkow (Hg.): «Zeugenaussage. Die Memoiren des Dmitri Schostakowitsch». Hamburg 1979, S. 63–64
360 Er. u. Gespr., S. 131
361 Er. u. Gespr., S. 116
362 Er. u. Gespr., S. 84
363 Er. u. Gespr., S. 79–80
364 Er. u. Gespr., S. 60
365 Concl., S. 158
366 Er. u. Gespr., S. 15
367 Concl., S. 15
368 Paul Horgan: «Encounters with Stravinsky. A personal record». New York 1972, S. 260
369 Er. u. Gespr., S. 143–145
370 Dial., S. 129
371 Dial., S. 123

Zeittafel

1882	Geboren am 5. Juni (russischer Kalender = 17. [18. nach 1900] Juni westlicher Zeitrechnung) in Oranienbaum bei St. Petersburg
1891	Klavierunterricht
um 1897	Erste Kompositionen
1901	Jurastudium in St. Petersburg (1905 abgeschlossen)
1902	Begegnung mit Rimsky-Korsakow, der ihn bis zu seinem Tod (1908) unterrichtet. – Tod des Vaters
1906	Heiratet seine Cousine Catherine Nossenko
1907	Erste Aufführungen von Kompositionen Strawinskys. – Sohn Théodore geboren
1908	Begegnung mit Diaghilew; erster Kompositionsauftrag Diaghilews. – Tochter Ludmilla geboren
1910	Anläßlich der Premiere des *Feuervogel* zum erstenmal in Paris. Erster Aufenthalt in der Schweiz. – Sohn Soulima geboren
1914	Zum letzten Mal in Rußland. Niederlassung in der Schweiz. – Tochter Maria Milena geboren
1915	Erstes Auftreten als Dirigent
1917	Reisen nach Spanien und Italien; Begegnung mit Picasso. – Tod des Bruders Gury
1920	Übersiedlung nach Frankreich
1921	Beginn der Freundschaft mit Vera Sudeikina (de Bosset), der späteren zweiten Frau Strawinskys
1922	Strawinskys Mutter verläßt Rußland und lebt bei der Familie
1924	Debut als Solist in seinem *Klavierkonzert*. Als Interpret eigener Werke pianistische Karriere bis in die vierziger Jahre. Konzertreisen (als Pianist und Dirigent) in Europa, wie in fast allen folgenden Jahren bis 1939
1925	Tournee nach den USA
1929	Tod Diaghilews
1934	Wird französischer Staatsbürger
1935	Tournee nach USA und Südamerika. Die *Chroniques de ma vie* erscheinen
1938	Tod der Tochter Ludmilla
1939	Tod von Strawinskys Frau und seiner Mutter. – Vorlesungen über *Poétique musicale* an der Harvard University. Strawinsky bleibt in den USA
1940	Heiratet Vera de Bosset. Niederlassung in Kalifornien
1945	Wird amerikanischer Staatsbürger

1946	Beginn der Arbeit an Revisionen zahlreicher früherer Werke
1948	Beginn der Freundschaft mit Robert Craft
1951	Erste Europareise; von da an mehrmals wieder in Europa
1959–1966	Zahlreiche Konzerttourneen in allen Erdteilen
1962	Reise nach Moskau und Leningrad
1966	Letzte Kompositionen
1967	Dirigiert zum letztenmal. Ausbruch der Krankheit
1969	Übersiedlung nach New York
1971	Gestorben am 6. April in New York; beigesetzt am 15. April in Venedig

Zeugnisse

Claude Debussy

Wissen Sie, daß ganz in Ihrer Nähe, in Clarens, ein junger russischer Musiker lebt, Igor Strawinsky, der das instinktive Genie für Klangfarbe und für Rhythmus hat? Ich bin sicher, daß er und seine Musik Ihnen grenzenlos gefallen werden (...) Seine Musik trägt die vollen Orchesterfarben unmittelbar auf eine Zeichnung auf, die sich nur über das Wagnis der Gefühle beunruhigt. Er übt darin weder Vorsicht noch Anmaßung. Das ist kindlich und wild. Dennoch ist die Anlage seiner Musik äußerst delikat.

Debussy am 18. Dezember 1911 an seinen Freund Robert Godet
(C. Debussy, Lettres à deux amis, Paris 1942, S. 129f)

Ernest Ansermet

In jeder neuen Wohnung nahm er zunächst große Veränderungen vor, ließ die Wände in lebhaften Farben anstreichen und stellte altmodische Möbel auf, die er hatte aufarbeiten lassen. In Morges plünderte er buchstäblich ein Geschäft mit Puppen und altem Hausrat, das ihm empfohlen worden war, und als er mich später in Genf besuchte, lief er von einem Antiquitätengeschäft zum andern. Er feilschte, handelte, bettelte und erhielt zum Schluß immer alles, was er haben wollte, und zu dem Preis, den er zahlen wollte. Nichts und niemand hat je seinen Wünschen und seinem eisernen Willen widerstehen können (...)

Er arbeitete viel am Klavier und suchte dort Orchesterklangfarben zusammen, die er übrigens auch – darin hatte er ein besonderes Talent – mit der Stimme imitieren konnte. Musik war für ihn etwas Konkretes, Faßbares, das er mit dem ganzen Körper erleben mußte. So suchte er auch seine Rhythmen auf Trommeln und einem ganzen Schlaginstrumentarium zusammen, das er nach und nach erworben hatte (...)

Auf unseren gemeinsamen Reisen, bei denen wir oft in einem Hotelzimmer zusammen wohnten, und während meiner Besuche bei ihm in Morges, Nizza und anderswo machten wir es uns zur Gewohnheit, unsere Morgengymnastik ebenfalls gemeinsam zu betreiben. Als er sich eines morgens nach unseren Übungen zurückgezogen hatte, um Toilette zu machen, entdeckte ich, daß er in einem anderen Raum seine Übungen wieder aufnahm, nur um mir gegenüber im Vorteil zu sein. Manchmal beendeten wir unsere Gymnastik mit einem Ringkampf, bei dem ich, da er muskulöser und beweglicher war als ich, nur auf mein Gewicht zählen konnte. Es war wie ein Kampf zwischen einem Füllen und einem jungen Stier.

Eine Erinnerung an die Schweizer Jahre
(E. Ansermet und J.-C. Piguet, Gespräche über Musik, München
1973, S. 38f)

Jean Cocteau
Das Genie läßt sich nicht besser analysieren als Elektrizität. Entweder hat man es, oder man hat es nicht. Strawinsky hat es; er kümmert sich nie darum. Niemals macht er sich darüber etwas vor. Niemals berauscht er sich daran. Er setzt sich nicht der Gefahr aus, sich selbst zu rühren, sich selbst zu verschönern oder zu verhäßlichen. Er kanalisiert eine Rohkraft und speichert sie, um sie dienstbar zu machen, in Batterien, die die Größe einer Fabrik oder einer Taschenlampe haben können. Die Perfektionierung und Differenzierung der Batterien müssen an die Stelle des alten Problems der Inspiration treten.

1918 in «Le coq et l'arlequin»
(zit. nach der deutschen Ausgabe: Hahn und Harlekin, München
1958, S. 54)

Erik Satie
Ich liebe und bewundere Strawinsky, weil ich auch spüre, daß er ein Befreier ist. Mehr als irgend jemand sonst hat er das heutige musikalische Denken befreit, das eine Entwicklung bitter nötig hatte (…) Ich weiß nicht, was ich selbst bin; aber was ich mit Gewißheit weiß, ist, daß der Mann, über den ich sprach, einer der größten Musiker ist, die je gelebt haben.

1923
(zit. nach E. Corle [Hg.], Igor Stravinsky, New York 1949, S. 25f)

Ferruccio Busoni
… Strawinsky, der nicht weiter aufregend ist; nur, daß er dem gedankenlosen Publikum und der urteilslosen Kritik ein falsches Bild gibt von dem, was in der Musik fortschrittlich sein soll.

Busoni am 25. November 1919 an seine Frau
(F. Busoni, Briefe an seine Frau, Leipzig–Zürich 1935, S. 366)

Maurice Perrin
Er sagte nicht etwa: «Nimm diesen oder jenen Akkord», nein, er spielte einen Akkord, lauschte, änderte eine Note, lauschte wieder, änderte eine

andere Note, ging auf den früheren Akkord zurück, änderte wiederum eine bestimmte Note usw., immer mit angestrengtester Aufmerksamkeit hinhorchend; es war aber nie eine bloße intellektuelle Erwägung, die da entschied, sondern einzig das Vergnügen oder die Befriedigung des Ohres, die er durch die Versuche und die Fehler am Klavier erzielte. Akkorde gehörten für ihn nicht zu vorbestimmten Kategorien, auch hatten sie für ihn keine vorbelasteten Funktionen (...) Im Ganzen genommen sprach er äußerst wenig. Er war nicht gekommen, eine Serie von Lektionen zu erteilen (...) Aber alles, was er sagte, eröffnete uns neue Horizonte.

Erinnerung an einen Kompositionskurs, den Nadja Boulanger und Strawinsky im Winter 1935/36 an der École normale de musique in Paris abhielten
(M. Perrin, Lehrer Strawinsky, in: Strawinsky. Wirklichkeit und Wirkung [Musik der Zeit, Neue Folge Heft 1], Bonn 1958, S. 87)

Leonard Bernstein
Strawinsky ist einer der Grundfaktoren meines musikalischen Lebens, seit dem Tag, an dem ich, fünfzehn Jahre alt, zum ersten Mal ein Werk «moderner Musik» hörte: *Le sacre du printemps.* Von diesem ersten, aufwühlenden bis zu meinem jüngsten, ganz anders gearteten Erlebnis (ich meine die Aufnahme, die ich von *L'Histoire du soldat* und dem *Oktett* machte) ist mir seine Musik unentbehrlich geworden, unentbehrlich geblieben (...) Strawinskys Vielseitigkeit ist ein kostbarer Schatz. Als Zuhörer bin ich Enthusiast, als Komponist ehrfürchtiger Bewunderer, als Schaffender im Theater aufmerksamer Schüler, als Dirigent aber bin ich unendlich dankbar.

1955
(L. Bernstein, Universalität, in: Strawinsky in Amerika [Musik der Zeit, Heft 12], Bonn 1955, S. 78 f)

Dmitri Schostakowitsch
Bei Strawinsky ist es oft so: Die Konstruktion ragt wie ein Baugerüst heraus. Keine natürlichen, fließenden Übergänge. Das irritiert mich. Aber andererseits erleichtert diese Deutlichkeit dem Hörer das Verständnis. Wahrscheinlich liegt darin auch eines der Geheimnisse von Strawinskys Popularität (...)
Lust und Geschmack an Reklame – das ist es meiner Meinung nach, was Strawinsky und Prokofjew hinderte, wirklich russische Komponisten zu sein. Hier ist irgendein seelischer Knick, wichtige moralische Positionen sind aufgegeben worden. Beide, Strawinsky und Prokofjew, haben sich von den westlichen Lehren jene angeeignet, die zu beherzigen sich vielleicht nicht lohnt. Indem sie Popularität gewannen, verloren sie etwas

anderes nicht minder Wichtiges (...) Strawinsky ist vielleicht der genial-
ste Komponist des zwanzigsten Jahrhunderts. Aber er sprach immer nur
für sich, ausschließlich für sich.

(Zeugenaussage. Die Memoiren des Dmitri Schostakowitsch, aufge-
zeichnet und hg. v. S. Volkow, Hamburg 1979, S. 63, 151)

George Balanchine

Das tänzerische Element ist der dominierende Pulsschlag in Strawinskys
Musik. Er ist immer spürbar, eindringlich, stets überzeugend. Man fühlt
ihn sogar in den Pausen. Er hält jedes seiner Werke zusammen und durch-
dringt sie alle. In jedem Werk wächst dieser Pulsschlag zu einem kraftvol-
len Motor an, so daß man, wie bei Mozart, am Ende des Werkes fühlt, daß
mit seinem Inhalt eine endgültige, erschöpfende Auseinandersetzung
stattgefunden hat.

Strawinskys strenges rhythmisches Empfinden ist das Zeichen seiner
Autorität: über die Zeit und – über seine Interpreten. Der Choreograph
sollte dieser Führung unbegrenztes Vertrauen entgegenbringen. Strawinskys Rhythmik, und sei es nur als fester Ausgangspunkt, wird seinen
eigenen Ideen die größtmögliche Steigerung bieten.

Der Choreograph kann keine Rhythmik erfinden, er kann sie nur in
Bewegung umsetzen. Der Körper ist sein Medium und kann aus eigener
Kraft zwar kurzfristig improvisieren, rhythmische Organisation größeren
Ausmaßes jedoch ist ein Prozeß, der der Unterbauung bedarf. Sie ist eine
Funktion des musikalischen Denkens. Rhythmisches Planen ist wie das
Planen eines Hauses. Es bedarf eines architektonischen Verfahrens.

Als rhythmischer Organisator hat Strawinsky eine größere Subtilität
und Vielseitigkeit an den Tag gelegt als irgendein anderer (...) Es ist nicht
abzuschätzen, was der Tanz oder die Musik Strawinsky verdanken (...)
Dem Tanz hat er einen weiteren musikalischen Bereich erschlossen; der
Musik schenkte er seine eigene, spezifische Sprache der Bewegung. In
beiden ist sie ständig spürbar, aufs vollendetste zum Ausdruck gebracht.

1955

(G. Balanchine, Das tänzerische Element, in: Strawinsky in Amerika
[Musik der Zeit, Heft 12], Bonn 1955, S. 20, 23)

Werkverzeichnis

Die Daten geben die Entstehungszeit an.

Angeführt werden die originalen (in der Regel französischen bzw. englischen) Titel; ihre deutschen Entsprechungen, soweit diese sich eingebürgert haben. Auf die Transkription russischer Titel wird verzichtet.

Suiten und andere Auszüge sowie Transkriptionen, Orchestrierungen und sonstige Bearbeitungen sind nicht angeführt; Nachweise im einzelnen bei E. W. White: «Stravinsky. The composer and his works», London 1979.

Bei Orchesterwerken und bei solchen, deren Besetzung aus dem Titel hervorgeht, sind keine weiteren Besetzungsangaben hinzugefügt.

1902	*Scherzo* (Klavier)
1903–04	*Sonate fis-moll* (Klavier)
1905–07	*Symphonie Es-dur*
1906–07	*Faune et bergère (Faun und Schäferin)* (Gesang u. Orchester; Text: A. Puschkin)
1907	*Pastorale* (Gesang textlos u. Klavier)
1907–08	*Deux mélodies* (Gesang u. Klavier; Text: S. Gorodetzky)
1907–08	*Scherzo fantastique*
1908	*Feu d'artifice (Feuerwerk)*
1908	*Quatre études pour piano*
1908–10	*L'oiseau de feu (Der Feuervogel)*, Ballett
1908–14	*Le rossignol (Die Nachtigall)*, Oper (Text: Strawinsky u. S. Mitousoff); daraus: *Le chant du rossignol*, Symphonische Dichtung
1910	*Deux poèmes de Paul Verlaine* (Gesang u. Klavier)
1910–11	*Pétrouchka (Petruschka)*, Ballett
1911	*Deux poèmes de K. Balmont* (Gesang u. Klavier)
1911–12	*Le roi des étoiles*, Kantate (Männerchor u. Orchester; Text: K. Balmont)
1911–13	*Le sacre du printemps*, Ballett
1912–13	*Trois pièces de la lyrique japonaise* (Gesang u. Klavier)
1913	*Trois petites chansons (Souvenirs de mon enfance)* (Gesang u. Klavier)
1914	*Trois pièces pour quatuor à cordes*
1914	*Pribaoutki (Chansons plaisantes)* (Gesang u. Instrumentalensemble)
1914–15	*Trois pièces faciles* (Klavier 4hd.)
1914–17	*Four russian peasant song («Saucers»)* (Frauenchor a cappella)
1914–23	*Les noces*, Ballett mit Gesang
1915	*Souvenir d'une marche boche* (Klavier)
1915–16	*Berceuses du chat (Katzenwiegenlieder)* (Gesang u. 3 Klarinetten)
1915–16	*Renard*, Ballett mit Gesang

1915–17	*Trois histoires pour enfants* (Gesang u. Klavier)
1916–17	*Cinq pièces faciles* (Klavier 4hd.)
1917	*Valse pour les enfants* (Klavier)
1917	*Étude pour pianola*
1918	*L'histoire du soldat (Die Geschichte vom Soldaten)*, Bühnenstück (Text: C. F. Ramuz)
1918	*Ragtime* (11 Instrumente)
1918–19	*Quatre chants russes* (Gesang u. Klavier)
1919	*Piano-Rag-Music*
1919	*Trois pièces pour clarinette seul*
1919–20	*Pulcinella*, Ballett mit Gesang
1920	*Concertino pour quatuor à cordes*
1920	*Symphonies d'instruments à vent*
1920–21	*Les cinq doigts* (Klavier)
1921–22	*Mavra, Opéra bouffe* (Text: B. Kochno)
1922–23	*Octuor pour instruments à vent (Bläseroktett)*
1923–24	*Concerto pour piano et orchestre d'harmonie (Konzert für Klavier und Bläser)*
1924	*Sonate pour piano*
1925	*Sérénade en la (Serenade in A)* (Klavier)
1925–27	*Oedipus Rex, Opéra-oratorio* (Text [lat.]: J. Cocteau u. J. Daniélou)
1926	*Paternoster* (Chor a cappella; Text kirchenslawisch, mit lateinischem Text 1949)
1927–28	*Apollon Musagète*, Ballett
1928	*Le baiser de la fée (Der Kuß der Fee)*, Ballett
1928–29	*Capriccio pour piano et orchestre*
1930	*Symphonie des psaumes (Psalmensymphonie)* (Chor u. Orchester; Text [lat.]: bibl.)
1931	*Concerto en ré pour violon et orchestre (Violinkonzert)*
1931–32	*Duo concertant* (Violine u. Klavier)
1931–35	*Concerto per due pianoforti soli*
1932	*Credo* (Chor a cappella; Text kirchenslawisch, mit lateinischem Text 1949)
1933–34	*Perséphone, Mélodrame* (Tenor, Sprecher, Chor, Orchester; Text: A. Gide)
1934	*Ave Maria* (Chor a cappella; Text kirchenslawisch, mit lateinischem Text 1949)
1936	*Jeu de cartes*, Ballett
1937–38	*Concerto en mi bémoll, «Dumbarton Oaks»* (Kammerensemble)
1938–40	*Symphonie en ut (Symphonie in C)*
1940	*Tango* (Klavier)
1941–42	*Danses concertantes* (Kammerorchester)
1942	*Circus Polka* (Versionen für Blasorchester und für Symphonieorchester)
1942	*Four norwegian moods*
1942–45	*Symphony in three movements (Symphonie in drei Sätzen)*
1943	*Ode*
1943–44	*Sonate pour deux pianos*
1944	*Babel*, Kantate (Männerchor, Sprecher, Orchester; Text [engl.]: bibl.)

1944	*Scherzo à la russe* (Versionen für Band und für Symphonieorchester)
1944	*Scènes de ballet*
1944	*Élégie* (Viola solo)
1944–47	*Mass (Messe)* (Chor u. Bläser)
1945	*Ebony Concerto*
1946	*Concerto en ré*
1947	*Orpheus*, Ballett
1948–51	*The Rake's Progress*, Oper (Text: W. H. Auden u. Chester Kallman)
1951–52	*Cantata* (Soli, Frauenchor, Kammerorchester)
1952–53	*Septet*
1953	*Three songs of William Shakespeare (Shakespeare-Lieder)* (Gesang u. 3 Instrumente)
1953–57	*Agon*, Ballett
1954	*In memoriam Dylan Thomas* (Tenor, Posaunen, Streicher; Text: D. Thomas)
1955	*Greeting prelude*
1955	*Canticum sacrum ad honorem Sancti Marci nominis* (Soli, Chor, Orchester; Text [lat.]: bibl.)
1955–56	*J. S. Bach: Choral-Variationen über das Weihnachtslied «Vom Himmel hoch da komm' ich her»*, bearbeitet für Chor u. Orchester
1957	*Tres sacrae cantiones by Carlo Gesualdo di Venosa, completed by Igor Stravinsky* (Chor a cappella)
1957–58	*Threni: id est lamentationes Jeremiae Prophetae* (Soli, Chor, Orchester; Text [lat.]: bibl.)
1958–59	*Movements* (Klavier u. Orchester)
1959	*Epitaphium «Für das Grabmal des Prinzen Max Egon zu Fürstenberg»* (drei Instrumente)
1959	*Double Canon «Raoul Dufy in memoriam»* (Streichquartett)
1960	*Monumentum pro Gesualdo di Venosa ad CD annum. Three Madrigals recomposed für instruments* (Kammerorchester)
1960–61	*A Sermon, A Narrative and A Prayer*, Kantate (Soli-Sprecher, Chor, Orchester; Text: bibl. u. Th. Dekker)
1961–62	*The Flood, A Musical Play* (Soli, Sprecher, Chor, Orchester; Text: R. Craft)
1962	*Anthem «The Dove descending breaks the air»* (Chor a cappella; Text: T. S. Eliot)
1962–63	*Abraham and Isaac, A sacred ballad* (Bariton u. Kammerorchester; Text [hebräisch]: bibl.)
1963–64	*Variations (Aldous Huxley in memoriam)*
1964	*Elegy for J. F. K.* (= John F. Kennedy) (Bariton u. 3 Klarinetten; Text: W. H. Auden)
1964	*Fanfare for a new theatre* (2 Trompeten)
1965	*Introitus (T. S. Eliot in memoriam)* (Männerchor u. Orchester; Text [lat.]: Introitus der lateinischen Totenmesse)
1965–66	*Requiem canticles* (Soli, Chor u. Orchester; Text [lat.]: aus der lateinischen Totenmesse)
1965–66	*The owl and the pussy-cat* (Sopran u. Klavier; Text: E. Lear)
1968	*Two sacred songs from the «Spanisches Liederbuch» of Hugo Wolf*, bearbeitet für Gesang u. Instrumente

Literaturhinweise

1. Korrespondenz und Schriften von (bzw. mit) Strawinsky

Selected Correspondence. Hg. von R. Craft. London 1982ff (bis 1990 ersch.: 3 Bde.)

Chroniques de ma vie. 2 Bde. Paris 1935/36 (dt.: Erinnerungen. Berlin–Zürich 1937; wiedergedruckt in: Igor Strawinsky. Leben und Werk – von ihm selbst. Mainz 1957, Neuausgabe [mit Musikalischer Poetik] Mainz 1983 [I. S., Schriften und Gespräche I])

Poétique musicale, Cambridge (Mass.) 1942 (dt.: Musikalische Poetik, Wiesbaden [Insel-Bücherei] 1960, auch Mainz o. J.)

Avec Stravinsky. Entretiens avec R. Craft. Monaco 1958

Conversations with I. Stravinsky. London 1959

Memories and Commentaries. London 1960 (mit Conversations zus. dt.: Gespräche mit Robert Craft. Mainz–Zürich 1961)

Expositions and Developments. London 1962

Themes and Episodes. New York 1966

Dialogues and a Diary. London 1968

Retroperspectives and Conclusions. New York 1969 (dt.: Erinnerungen und Gespräche. Frankfurt a. M. 1972)

Themes and Conclusions. London 1972

2. Neuere Literatur zu Strawinsky

a) Dokumentarisches

E. W. White: Stravinsky. The composer and his works. London [2]1979 (Werkverzeichnis, grundlegend)

C. Caesar: Igor Stravinsky. A complete catalogue. San Francisco 1982

Igor Stravinsky: The rite of spring/Le sacre du printemps. Sketches 1911–1913. o. O. 1969

I. Stravinsky: Le sacre du printemps. Dossier de presse. Genf 1980 (Anthologie von Pressestimmen zu *Sacre*-Aufführungen)

Th. Stravinsky: Catherine and Igor Stravinsky: A family album. London 1973

Vera Stravinsky and R. Craft: Stravinsky in pictures and documents. New York 1978

Igor und Vera Strawinsky – Ein Fotoalbum 1921 bis 1971. Herrsching o. J.

R. Craft: Stravinsky. Chronicle of a friendship 1948–1971. London 1972

P. Horgan: Encounters with Stravinsky. A personal record. New York 1972

Lillian Libman: And music at the close. Stravinsky's last years. London 1972

Stravinsky and the dance. New York 1962
Stravinsky and the theatre. New York 1963
Igor Stravinsky. La carrière européenne. Paris 1980
Strawinsky. Sein Nachlaß. Sein Bild. Basel 1984

b) Darstellungen

Minna Lederman (Hg.): Stravinsky in the theatre. New York 1949, Nachdruck 1975

H. Strobel: Igor Strawinsky. Zürich–Freiburg 1956

Th. Strawinsky: Igor Strawinsky. Mensch und Künstler. Gedanken über das Werk des Vaters. Mainz o. J.

H. Lindlar: Igor Strawinskys sakraler Gesang. Regensburg 1957

H. Kirchmeyer: Igor Strawinsky. Zeitgeschichte im Persönlichkeitsbild. Regensburg 1958

R. Craft: Strawinsky. München 1962

P. H. Lang (Hg.): Stravinsky. A new appraisal of his works. New York 1963

N. Nabokov: Igor Strawinsky. Berlin 1964

B. Jarustowski: Igor Strawinsky. Berlin (DDR) 1966

B. Boretz und E. T. Cone (Hg.): Perspectives on Schoenberg and Stravinsky. Princeton (N. J.) 1969

H. Kirchmeyer: Strawinskys russische Ballette. Stuttgart 1974

N. Jers: Igor Strawinskys späte Zwölftonwerke (1958–1966). Regensburg 1976

M. Druskin: Igor Strawinsky. Leipzig 1976 (eine der besten neueren Einführungen in Strawinskys Werk)

M. Trapp: Studien zu Strawinskys «Geschichte vom Soldaten». Regensburg 1978

A. Forte: The harmonic organization of «The rite of spring». New Haven (Conn.)–London 1978

D. Möller: Jean Cocteau und Igor Strawinsky. Untersuchungen zur Ästhetik und zu «Oedipus Rex». Hamburg 1981

A. Traub: Igor Strawinsky. «L'Histoire du soldat». München 1981

A. Boucourechliev: Igor Stravinsky. Paris 1982

W. Burde: Strawinsky. Mainz 1982

P. Griffiths: Igor Stravinsky. «The Rake's progress». Cambridge 1982

Th. Hirsbrunner: Igor Strawinsky in Paris. Laaber 1982

F. Lesure (Hg.): Stravinsky. Études et témoignages. Paris 1982

H. Lindlar (Hg.): Igor Strawinsky. Aufsätze, Kritiken, Erinnerungen. Frankfurt a. M. 1982

V. Scherliess: Igor Strawinsky. «Le sacre du printemps». München 1982

A. Schouvaloff und V. Borovsky: Stravinsky on stage. London 1982

Ch. M. Joseph: Stravinsky and the piano. Ann Arbor (Mich.) 1983

V. Scherliess: Igor Strawinsky und seine Zeit. Laaber 1983

P. C. van den Toorn: The music of Igor Stravinsky. Princeton (New Haven) 1983

Musik-Konzepte 34/35. Igor Strawinsky. München 1984

W. Dömling und Th. Hirsbrunner: Über Strawinsky. Studien zu Ästhetik und Kompositionstechnik. Laaber 1985

M. Karallus: Igor Strawinsky. Der Übergang zur seriellen Kompositionstechnik. Tutzing 1986

J. Pasler (Hg.): Confronting Stravinsky: Man, musician, and modernist. Berkeley 1986

153

E. Haimo und P. Johnson (Hg.): Stravinsky Retrospectives. Lincoln 1987
P. C. van den Toorn: Stravinsky and «The rite of spring». The beginnings of a musical language. Oxford 1987
M. Th. Vogt: Die Genese der «Histoire du soldat». Berlin–Bayreuth 1988
S. Walsh: The music of Stravinsky. London 1988

Über den Autor

Wolfgang Dömling, geboren 1938 in München, studierte Musikwissenschaft und Kunstgeschichte in München, Zürich, Göttingen und ist seit 1977 Professor für Musikwissenschaft an der Universität Hamburg. Er publizierte Arbeiten über Musik des Mittelalters, Musik des 19. und 20. Jahrhunderts und über Methodenprobleme der Musikgeschichtsschreibung. Für «rowohlts monographien» verfaßte Dömling den Band «Hector Berlioz» (rm 254).

Quellennachweis der Abbildungen

Aus: Igor Strawinsky, Leben und Werk – von ihm selbst. Zürich–Mainz 1957: 6, 27, 38, 72
Aus: Theodore Strawinsky. Mensch und Künstler. Gedanken über das Werk des Vaters. Mainz o. J.: 10, 110, 117
Éditions du Seuil: 12, 15, 32, 35, 51, 54, 57, 84, 85
Aus: Theodore Strawinsky. Catherine and Igor Stravinsky. A Family Album. London 1973: 11, 16, 58
Aus: Vera Stravinsky and Robert Craft. Stravinsky in pictures and documents. New York 1978: 18, 34, 37, 40, 44, 48, 59, 66, 74, 78, 79, 80, 89, 97, 107, 111, 112, 114, 116, 121, 125, 133, 134
Aus: Igor Strawinsky. Gespräche mit Robert Craft. Mainz–Zürich 1961: 20, 47, 77, 113, 120
Aus: Igor Strawinsky. La carrière européenne. Katalog der Ausstellung Paris 1980: 25, 30, 52, 86, 93
Aus: Minna Ledermann (Hg.). Stravinsky in the theatre. New York 1949: 31, 41
Internationale Bildagentur, Oberengstringen: 50
Aus: Strawinsky. Wirklichkeit und Wirkung. Bonn 1958: 75
Ullstein Bilderdienst: 82, 126, 127
Aus: Avec Stravinsky. Monaco 1958: 108, 115
Aus: Robert Craft, Stravinsky. Chronicle of a friendship 1948–1971. London 1972: 119
Lawrence A. Schoenberg, Los Angeles: 124

Namenregister

Die kursiv gesetzten Zahlen bezeichnen die Abbildungen

157